ジェイソン・ハンソン 著
栗木さつき 訳

超一流の諜報員が教える

CIA式 極秘心理術

ビジネススキルはインテリジェンスの最高峰から学べ

AGENT OF INFLUENCE

Jason Hanson

ダイヤモンド社

AGENT OF INFLUENCE

by

Jason Hanson

Japanese translation and electronic rights arranged with Jason Hanson
c/o Foundry Literary + Media, New York
through Tuttle-Mori Agency, Inc., Tokyo

すべての起業家とビジネスマンに。
アメリカを世界でもっとも偉大な国にすべく
尽力してきた陰のヒーローたちに。
そして世界最高のセールスパーソンである
CIAの勇猛果敢な職員諸賢に。

機会はおのずからあらわれる。
早くそれを見定め、利用するのだ。

——ロバート・ラドラム『殺戮のオデッセイ』（篠原慎訳、角川文庫）

さまざまな逸話を教えてくれた
CIAの諸兄姉に深謝する。
本書では、そうした職員たちの
プライバシーを厳守することをお約束する。
ご想像のとおり、諜報の世界で働く者にとって
プライバシーほど重要なものはない。
そのため、本書に登場する人物の
名前や身元に関する情報には変更を加えた。
また紹介するストーリーは一般読者のみなさんにも
わかりやすくなるように工夫してある。
場合によっては、日付や地域や場所も
変更させていただいた。
本書に登場する人たちの
プライバシー保護のためであることを
ご了承いただきたい。

目次

はじめに
「スパイスキル」は「最高のビジネススキル」……13

序章 世界最強のビジネスマンになる

自分の能力はぜったいに疑わない……31
スパイが１００％の自信をもつ理由……36
困難な状況を切り抜ける機転のきかせ方……37
助けを求めるベストなタイミングとは……39
問題は「おそれるもの」ではなく、「対処するもの」……42
常識にとらわれない発案をするには……45
相手の警戒をとく「共感力」……47
感情を自由自在にコントロールする方法……49
世界最強のビジネスマンは「自信反射」をマスターしている……51

第1部 スパイはこうして相手の心をつかむ

スパイが駆使する「SADRサイクル」 …… 56

第1章 狙いを定める ――ターゲットの心を読み、近づく

ターゲットを絞り込む …… 59
スパイはけっして「ケイシング」をやめない …… 73
「最重要リスト」をつくる …… 73
ステップ① ターゲットにする人の基準をつくる …… 75
ステップ② 接触する場所を見きわめる …… 76
ステップ③ 「ベースライン」を把握する …… 78
ステップ④ 少しの「違い」を見つける …… 81
ステップ⑤ あえて知人を介して紹介してもらう …… 84

第2章

評価する

――情報をすばやく引きだし、見きわめる

怪しまれることなく、ターゲットに接近する …… 91
スパイの奥の手「聞きだす技術」 …… 103
砂時計会話術――マクロからミクロへ …… 110
ステップ①　ターゲットの情報を集める …… 113
ステップ②　あたりさわりのない質問をする …… 114
ステップ③　踏み込んだ質問をする …… 119
ステップ④　また世間話に戻す …… 121
大富豪の心をつかんだ「砂時計会話術」の活用例 …… 124
「強み」と「弱み」を自覚し判断する …… 126

第3章

人間関係を築く

――戦略的協力関係のパワー

ターゲットと一歩踏み込んだ関係になる …… 131
「コネ」ではなく「協力関係」を築く …… 138

「マッチング」と「ミラーリング」で信頼を勝ちとる …… 141
ステップ①「しぐさや口調」を真似る …… 142
ステップ② 共通点をさがす …… 148
ステップ③ 相手より先に「打ち明け話」をする …… 155
つねに誠実であれ …… 156
相手の「学習スタイル」にあうコミュニケーションで関心をひく …… 157
「学習スタイル」の知識を活かした交渉術 …… 160
相互理解と協力関係が成功を生む …… 162

第4章

勧誘する ――タイミングを逃さない

ターゲットから思いどおりの言葉を引きだす …… 165
「断られないオファー」のタイミングを見わける …… 176
「魔法の瞬間」を見抜く3ステップ …… 177
ステップ① けっして急がない …… 177
ステップ② ボディーランゲージに注意を払う …… 178
ステップ③ 相手が売り込んでくるかどうか、見きわめる …… 179

相手にあわせた完璧な売り込みをかけるコツ …… 180
SADRサイクルでサービスを売り込む方法 …… 184
SADRサイクルを新たな秘密兵器にする …… 189

第5章 生産性を最大化する人間関係のつくり方

SADRサイクル「パート5」――「引き継ぎ」をおこなう、または「完了」する …… 191
「引き継ぎ」は信頼を得るチャンス …… 203
本気ではない関係は「完了する」 …… 205
自分の価値観を信じ抜く …… 211
迷惑な顧客との関係を断つ5ステップ …… 217
問題のある相手との関係はためらいなく切る …… 219

第6章 マーケティング・キャンペーンを成功させる

ビジネスを「重要な作戦」とみなす …… 222

ターゲットを「最高の顧客」に変える……223
「なにをいちばん知りたいか」質問する……225
情報を活用して、利益を最大化する方法……227
ステップ① 製品やサービスのウェブサイトをつくる……228
ステップ② 無料で提供する商品を選ぶ……230
ステップ③ 目にとまる場所に掲載する……233
ステップ④ より高額の商品を紹介する……237
リピート客を獲得するコミュニケーションとは……239
信頼関係を築く――私がマクドナルドの便器の水を飲んだ理由……242

第2部 スパイが駆使する「究極の判断力」

第7章 ぜったいに裏切られない関係をつくる

「忠誠心」とは……254

職場で忠誠心を引きだす方法 257
互いを認め、評価することで生まれるもの 264

第8章

だれよりも最高の準備をする

準備、準備、また準備 265
「チェックリスト」の絶大な効果 267
事後レポートを作成する 272
事後レポートの効果的な書き方 277

第9章

みずから学ぶ姿勢を身に付ける

どんなに経験を重ねても学びつづける 282
有毒なエゴが成否を分ける 286
エゴに害されないための4つのポイント 287

第10章 的確な状況判断をする技術

ビジネスを飛躍させるシンプルな戦術 …… 292
状況判断力――身の安全を守るための最重要課題 …… 293
照準から外れろ――問題が生じたら、即座になにをすべきか …… 294
状況判断力を駆使する――私が訓練で得た最大の教訓 …… 295

第11章 「無駄」は徹底的に排除する

「より少ない」資源で経営を成功させるには …… 302
本当に必要なものを厳選する方法 …… 306
余計なものは「贅沢品」ではなく「重荷」 …… 307

第12章

超一流のスパイがもつ「誠実」という武器

誠実なメンバーだけでチームをつくる …… 309
鉄則① 質問をした直後の3〜5秒で評価せよ …… 310
鉄則② うなずきはウソをつかない …… 314
鉄則③ 空間の描写、感情の説明、短縮形の有無に着目する …… 315
鉄則④ 「つなぎ言葉」は要注意 …… 316
良識ある判断力がビジネスを急成長させる …… 321

謝辞 …… 323
訳者あとがき …… 324

はじめに

「スパイスキル」は「最高のビジネススキル」

諜報員は、訓練初日から「世界一のセールスパーソン」になる方法を叩き込まれる。ただし、いわゆる商品を売るわけではない。売ろうとしているのは「国家に対する裏切り」だ。この商談成立に失敗すれば、諜報員は殺害されたり、異国の刑務所で余生を送る末路をたどりかねない。

国家を裏切ったことが発覚すれば、反逆罪に問われる。それを相手に売りつけようというのだから一筋縄ではいかない。おまけに反逆が発覚すれば、当人は容赦のない懲罰を受ける。

アメリカでは1950年代、ジュリアス・ローゼンバーグとその妻エセルが共謀し、原爆に関する機密情報をソビエト連邦に提供していた罪で有罪となり、電気椅子で処刑された。

世界各地で実施されている反逆罪に対する刑罰には、ほかにも絞首刑、打首《うちくび》、火あぶりの刑などがあり、こんにち、もっとも多くおこなわれているのが終身刑だ。このように、反逆罪を犯すにはとてつもないリスクがともなううえ、発覚すれば身をもってその代償を支払わねばならない。

しかし諜報員は、そのリスクを冒すように仕向ける特別な訓練を受ける。おまけに相手には、**自分の意志**でそうしたと思わせるのだ。

諜報員は訓練を受け、次のような能力を身に付ける。

- どれほど奇妙で突拍子もない要請をしようと、きわめて短期のうちに、相手に応じさせる自信をもつ。
- 心から信頼できる友だちのように思わせる。秘密、心配事、胸の奥底にある恐怖心などを打ち明けられる、心の拠り所のように思わせる。
- ターゲットのふるまいをさりげなく真似て、同じことに関心をもっているように思わせる。
- 共感し、ターゲットのことを心から案じているように思わせ、信頼を獲得する。
- 大量の情報を分析し、任務遂行の「役に立つもの」と「足を引っ張るもの」の手がかりを得る。
- 厳しい鍛錬を続ける。几帳面で、仕事熱心で、献身的。身体をベストの状態にキープする努力を怠らない。

・順応性があり、チームに協力する。計画の実行には不測の事態が付き物だが、だからといってミッションを失敗に終わらせることはない。

本書で指南するノウハウを活用すれば、製品、ブランド、会社、アイディアなど、あなたが売りたいものの売り方を変えられる。「一般の人たち」がもっていないスパイの特質は、**自信をもって行動し、反応し、順応する能力**だ。

これまで私の著書では、おもに読者とそのご家族の身の守り方を紹介してきたし、今後も身の安全とサバイバルに関する情報をシェアしていきたいと思っている。だがそれだけではなく、CIAの諜報員として訓練を受けてきた私の知見はビジネスの世界でも大いに活用できるうえ、みなさんの日々の生活も改善できると確信している。

これだけはお約束する。巷には「これで自信がもてるようになる!」とか、「自信をもてば、もっと成果をあげられる!」といった謳い文句の自己啓発書があふれている。だが私としては、そうした月並みな本の山に新たな一冊を加えるつもりは毛頭ない。

本書では、あらゆる諜報員が隠しもっている秘密兵器を明かしていく。それはほかでもない、**諜報員の心得(マインドセット)**だ。

▼諜報員のマインドセットは「多様な特質の組み合わせ」

諜報員のマインドセットとは、**好感がもてる雰囲気、共感、自信、知性といった多様な特質の組み合わせ**だ。

このマインドセットを獲得すれば、なんでも楽々とこなせるようになる。

さらに、諜報員のマインドセットにはもうひとつ大きな特徴がある。**「有能なセールスパーソン」として最強の手腕も発揮できる**のだ。

私が諜報員の訓練を受けはじめた当初は、まさかたった数年をＣＩＡですごしただけで、起業家として成功するうえで申し分のない能力を身に付けられるとは想像もしていなかった。だがＣＩＡで働きはじめてから数年後の２０１０年、私はこう考えるようになった。そろそろ次の段階に進む準備ができたぞ、と。

独立して、ゼロから事業を立ちあげたいと考えたのだ。そして護身術やサバイバル術を、お子さんがいる主婦から大学生、富裕層やセレブまで、あらゆる人たちに伝授する会社を起こそうと思い立ったのである。

当時は父からも「うちの息子はとうとう頭がイカレちまった」と嘆かれたものだ。あれほど安定した職を捨てるなどという暴挙にでたことが信じられなかったのだろう。おまけに、ＣＩＡで認めてもらうために過酷な訓練に耐えたあとだったからなおさらだ。

たしかに起業は私にとって大転換だったし、多大なリスクもともなった。なんといっても、起業から1年後に生き残っている企業は、たった2割にすぎないのだから。

正直なところ、私自身、不安でたまらなかった。

さて、それから9年の歳月が流れた。おかげさまで、私は妻とすばらしいチームの助けを借りてスパイ・エスケイプ&イヴェイジョン〔スパイ式脱出・回避術〕社を立ちあげ、現在は数百万ドルの売上を誇る企業の経営者として成功をおさめている。そして、これまで経営者として経験を重ねた結果、**諜報員時代の訓練で身に付けた数々のスキルこそが、困難に直面するたびに威力を発揮する**ことがわかってきた。

本書では、私が起業家として、そして経営者として、諜報員のマインドセットをどう活用してきたかを惜しみなく披露するつもりだ。

じつのところ、私は内向的な人間だ——そんなことを認めるのは元諜報員として初めてかもしれないが。バージニア州で警官を務めていた頃も、その後、CIAの諜報員になってからも、私は物静かな男だった。

だからABCのビジネス・リアリティ番組「シャーク・タンク」〔起業家が著名な資金

家たちの前でプレゼンをおこない、事業資金を獲得する番組〕に出演し、見事、投資家から資金を獲得したり、テレビ番組で料理研究家のレイチェル・レイや歌手のハリー・コニック・ジュニアと一緒にレギュラーを務めたりするようになって、だれよりも驚いているのは私自身だ。そのうえ著書を3冊も出版するチャンスに恵まれるとは想像もしていなかった。ましてや、ラスベガスの豪華カジノでショーに出演することになろうとは夢想だにしなかった。

こうしたチャンスに恵まれたことをありがたく思っているし、おかげでわが社の事業も軌道に乗ったが、諜報員のマインドセットをもっていなければ、このうちのどれひとつとして達成することはできなかっただろう。

あなたがどんな仕事に就いているにせよ、もっと大きな成果をあげ、その成功を継続させるために、ぜひ本書を活用してもらいたい。

序章

世界最強のビジネスマンになる

【機密文書】

演　習　1カ所以上の場所で、ひとりの匿名の連絡員から情報を収集する。

訓練生　〝タイラー〟

場　所　メリーランド州ベセスダの某地と、ワシントンDC。

目　標　訓練生は某地からワシントンDCに向かい、地下鉄の駅で匿名の連絡員を見つけ、その連絡員から作戦に関する情報を得る。その後、ワシントンDCでほかの匿名の連絡員と接触し、アメリカ合衆国市民を標的に計画されているテロ行為に関する情報を収集する。

■タイラーのストーリー

熟睡していたところ、部屋のドアを乱暴にノックする大きな音が聞こえ、跳ね起きた。腕時計に目をやる。午前3時10分。こんな時刻にドアをどんどんと叩かれれば、ふつうは警戒するところだが、僕はいまCIAの工作担当官《ケース・オフィサー》の訓練生として課報員養成所で〈ロングコース〉を受けているところだ。

〈ロングコース〉とは1年半にわたる過酷な訓練のことで、そこではテロリストから貴重な情報を引きだす方法から尾行をまく方法まで、ありとあらゆるスキルを叩き込まれる。この訓練を最後までやり遂げれば、諜報のスキルを身に付けた専門家として認められる。アメリカ合衆国政府の協力者になってくれそうな候補者を見いだし、勧誘し、そうした協力者たちを管理する資格があると認められるのだ（本来はこうした「協力者」をスパイと呼ぶが、世間では「諜報員」をスパイと呼ぶのが通例となっているため、本書でもCIAの諜報員をスパイと呼ぶことをご了承いただきたい）。

演習中は、真夜中に叩き起こされるのもめずらしくない。訓練生が油断しようものなら、当局はいつだってその隙を突こうとする。CIAは、事前に警告を与えなくても、常時、作戦に対応できる能力を訓練生に求めている。テロリストや悪い連中は、僕たちがたっぷりと睡眠をとれるように朝まで待ってから攻撃を仕掛けてくるわけじゃない。だからただちに行動を起こせるよう、24時間、警戒を怠ってはならないのだ。

僕はおそるおそるドアをあけた。もしかすると、これは誘拐のシミュレーションかもしれない。力ずくで押さえつけられ、頭巾をかぶせられて引きずられ、そのまま何時間も拘束されるのかもしれない。

だが、ドアの外にはだれの姿もなかったので、ほっと胸を撫でおろした。目の前にあるのは、床に置かれた茶封筒だけ。

開封すると、なかに紙が1枚入っていて、こう記されていた。

メリーランド州ベセスダ、ウィスコンシン7450番地、07：12

あのあたりなら土地勘がある。僕はワシントンDCの地図を引っ張りだし、急いで目を走らせた。この住所はベセスダ駅にあたる。ベセスダはワシントン・メトロの駅で、バスとの乗り継ぎもいい。なぜそこに行かなければならないのか、到着するまでわからないのだろうが、何者かが、ほんの数時間後にベセスダ駅で僕と会うことを望んでいる。

とりあえず、いまクリアしなければならない課題は「目的地にたどり着くこと」だ。ただし、移動の際にスマートフォンやGPSに頼ってはならないと、これまでの訓練で叩き込まれていた。紙の地図のほうがずっと頼りになるからだ（できれば自分の記憶のほうが好ましい）。僕はいま目的地から相当距離のある場所にいて、最初の課題は定刻までに目的地に到着することだ――ほぼ手段がない状態で。

失敗は許されない。失敗しようものなら、僕は即刻、この訓練プログラムから外される。

現金、小型懐中電灯、ボトルウォーターなど必要と思われる物を引っつかみ、部屋を飛びだすと、最初の課題をこなすべく、ハイウェイ目指して走りはじめた……が、ハッと気づいた。これは厄介だぞ。こんな真夜中に見知らぬ男を、それもひとりで立っている男を車にこころよく乗せ、ベセスダ駅まで連れていってくれる人間をさがさなくてはならないのだから。とはいえ、これまで養成所で学んだのはほかでもない、「説得力のある話さえすれば、どんな苦境からも脱出できる」ということだった。

やがて遠くから一対のヘッドライトが近づいてくるのが見えた。

僕は手を振ったが、車はそのまま通りすぎた。そりゃそうだ。僕があの車を運転していたら、まったく同じことをしただろう。10分ほどあとに、またべつの車がこちらのほうにやってきた。暗くてよく見えないが、だいぶスピードをだしている。車がそばまで近づいてくると、窓があいているのがわかったし、大音量の音楽まで聞こえてきた。もしかすると、大学生が何人も乗っているのかもしれない。そう思ったとたん、気持ちが明るくなった。これで移動手段ができる！

車がスピードを落とし、路肩に寄った。いまこそ、頭をフル回転させなくては。そのとき、助手席にいる男が〝G〟という大きなロゴのついた青いキャップをかぶっているのが見えた。よし、あれを会話の糸口として利用しよう。うまくいくといいが。

「停まってくれて、ありがとう。マジで困ってたんだよ。みんな、ジョージタウンに行くところだろ？　大学に戻るんだよね。おれ、２０１４年入学の政治学。コプリーホールの寮に入ってる」

僕がそう話しかけると、助手席の男が窓をいっそう下げた。よし、いけそうだ。

「いや、残念だな。おれたち、ケネディ寮なんだ」

［スパイの裏ワザ］

■ 情報のアンテナを張りめぐらせる

いつなんどき、見知らぬ相手に話しかけ、つながりをもつ必要性が生じるかわからない。スパイはつねに情報収集を怠らないからこそ、ターゲットとたやすく信頼関係を築くことができる。その土地のイベントの最新情報を入手し、流行のバーやレストラン、大学、スポーツ施設、ショップといった人気スポットから、礼拝所や小さい公園まで覚えておくのだ。そうすれば、相手が客であろうと連絡員の候補であろうと、話しかけて親しくなるきっかけをつくれる。

「もう1時間以上、歩いてるんだ」と、僕は話を続けた。「何キロか手前で、車が鹿とぶつかっちまってさ。車は使い物にならなくなるわ、スマホは通じないわで、往生してたんだよ」

助手席の男が言った。

「おれらのスマホ、貸そうか？　それで助けを呼んだらどうだ？」

やっぱり、この男はＣＩＡが仕込んだダミーではなさそうだ。とにかく僕を車に乗せるよう、男を説得する方法を考えださなくては……いますぐに。ビビらせて、この場から逃げだすような真似だけはさせてはならない。

「親切だな、ありがとう。だけど、昼までにどうしてもベセスダに行かなくちゃならないんだよ。じつはバージニア・ビーチから車で戻ってきたところでさ。きょうの午後、コンサルティング会社の面接があって、そこが第一志望だから、遅刻するわけにいかないんだよ。できれば、おたくらの車に乗せてもらえないかな。ガソリン代は払うからさ」

僕はそう言うと、男に現金を見せた。予想どおり、大学生のグループには効果てきめんだった。後部席に座っていた男のひとりがドアをあけ、席を詰めた。そして、おれたちもバージニア・ビーチから戻ってきたところなんだ、と説明した。

「マジか。いいとこだったろ?」と、僕は言った。「メルズっていうバーがあって、そこに仲間たちと繰りだしたよ。サイコーの店だったから、こんど行ったら、寄るといい」

そう言うと、僕は学生たちに礼を言い、車に乗せてもらった。後部座席に腰を下ろし、その後2時間ほど、あたりさわりのない世間話をした。そのあいだずっと、ぜったいにうまくいくと自信をもちつづけた。

学生たちは僕をワシントンDCで降ろしてくれた。いますぐベセスダ駅に向かえば、指定された時刻に間に合うだろう。いよいよ、演習の第2部が始まろうとしていた。

ベセスダ駅に到着したのは午前7時8分だった。最初の課題はクリアできたわけだが、連絡員をさがす時間の余裕はほんの数分しかない。おまけに、その連絡員がだれだかわからない、、。そろそろラッシュアワーが始まろうとしていて、大勢の通勤客が行きかうなか、連絡員をさがしあてるのは至難の業だ。これから会うことになっている連絡員に関する情報がいっさいないからだ。

僕は、人の流れに目を凝らした……こいつか、こいつか、こいつか。

新聞を読んでいる、緑色のワンピース姿の女に気がついた。ちらちらと腕時計に目をやっている。彼女だろうか？　それとも、僕の左側でヘッドフォンをつけている若い男だろうか？　とにかく、いますぐ連絡員を見つけなければ、僕はこの演習を続ける資格を失ってしまう。

列車がホームに入ってきた。ドアがあき、ビジネスバッグと新聞をもった若い女がこちらに歩いてきた。一瞬、目があった。ふつうの人だったら気にも留めないだろうが、僕は周囲の人間全員を意識し、注意を向ける訓練を受けてきた。

まちがいない。彼女は僕に合図を送ってきたのだ。彼女は手にもっていた新聞をゴミ箱に入れ、出口のほうに歩いていった。

必要な情報はあそこだ。僕はゴミ箱のなかに手を伸ばし、さりげなく新聞を回収し、電車に乗った。座席に腰を下ろし、新聞を広げ、これがまちがいではありませんように、連絡員を見逃してはいませんようにと願った。それでも、大慌てで新聞のページをめくるような真似をしないように注意した。なにかをさがしていることをあからさまにしてはならない。尾行に対する警戒を怠ってはならないからだ。

ほかの訓練生に正体をあばかれてしまうおそれもあるし、僕が周囲に溶け込んでいないと忠告すべく教官が待ち構えている可能性だってある。

そこで僕は、いかにも面白そうな記事をさがしているようなふりをして、新聞に目を通した――すると、あった！　3ページ目のいちばん上に、青いインクでこう記されていた。

ウィラード・インターコンチネンタル、08：15

次の目的地はホテルだ。僕は地下鉄のレッドラインに乗り、メトロセンター駅に着くと、ホテル目指して歩きだした。すると数歩うしろから、青い野球帽をかぶった男がついてくることに気づいた。そこで、そのまま通りを渡り、男がついてくるかどうか確かめた。男も通りを渡ってきた。やはり、尾行されている可能性がある。この男には警戒しなければ。ようやくここまでこられたのに、台無しにするわけにはいかない。

僕はホテルの混雑するロビーに入っていった。ビジネスマンや観光客が1日を始めようとしていて、なかには朝食を終えた人もいる。これだけ人でごった返しているのだから、ロビーの片隅でそっと周囲に目を光らすことはできるだろう。

そのとき、通りでうしろから歩いてきた男の姿が目に入った。諜報の仕事では、こうした出会いを決して偶然と片付けてはならない。

［スパイの裏ワザ］

■偶然か、必然か

諜報の世界では、見知らぬ相手との出会いについて、ひとつの格言がある。

ここで押さえておく価値のある格言だ。

「1度目は偶然、2度目は奇遇、3度目は敵の作戦」

高収入のビジネスマン、とりわけ世間に名を知られている人は、誘拐など、犯罪のターゲットになりやすい。周囲の人間を観察する習慣を身に付け、万が一にそなえよう。

あきらかに、この男は僕を尾行している。なにか手を打たなければ。そこで僕は男のほうに近づいていき、話ができるところまで距離を縮めた。男が笑みを浮かべ、握手をしようと手を差しだしてきた。だがそれはちゃんとした握手にはならず、さっと手をかすめる程度で終わった（これはスパイが情報をひそかに受け渡す常套手段だ）。オーケイ。僕に危害を加えるために尾行しているわけではないのなら、この男もまたＣＩＡが演習用に用意した人間なのだろう。

僕はその見知らぬ男と2分ほど、さりげなく雑談をした。通りすがりの人たちは、知り合い同士がばったりと出会い、近況を伝えあっていると思っただろう。

やがて男は僕の背中を軽く叩き、左側のレストランのほうに歩いていった。その姿が見えなくなると、僕はてのひらに視線を落とし、男が握らせていったものを確認した。ルームキーだ。男は立ち去る直前、「9時03分にミーティングがあった」と、小声で僕に告げていた。それがおそらくルームナンバーだろう。まったく、この演習で、複雑な課題があとどのくらい続くのか。

僕はエレベーターに向かった。次になにが起こるのだろうと、神経を尖らせて。深夜に部屋のドアを叩かれてからずっと起きていたのでもうクタクタだが、気を散らせるわけにはいかない。指定された部屋に向かい、用心しつつドアをあけた。室内に入ってほんの数秒後、電話が鳴った。僕は受話器をとりあげ、応じた。ひょっとすると、とんでもない任務を命じられるのかもしれない。

すると、受話器の向こうの声が僕の身元を証明する情報を求めてきた――名乗っているとおりの人物である証拠が必要というわけだ。そこで身元を証明する情報を伝え、相手がそれに納得すると、ホテルの正面玄関の前に歩いていけ、と指示された。1台の車が僕を待っているという。

僕はロビーに降りていき、歩いて外にでた。黒い車が近づいてきて、窓が下ろされた。必死で集中力を保とうとはしたが、次になにが起こるのだろうと思うとピリピリした。あとどのくらい、神経がもちこたえられるだろうか。

そのとき、車内で何者かが手招きした。僕は警戒しながら車に近づいていった。すると、どこかで見たような顔のグレーのスーツ姿の男がにこりともせずに口をひらいた。

「後部座席に乗りたまえ。合格だ。よくやった」

僕はほっとして、大きく息を吐きだした。これで演習が終わったのだ。これからどんな質問をされようと、対応する準備はできていた。

自分の能力はぜったいに疑わない

タイラーのストーリーは、まるで映画の一場面のように思えたかもしれない——ワクワクするし、スリル満点（そしてストレスも満載）の演習は、たしかに諜報員を目指す者が受ける訓練ではあるが、そこで身に付けるのはスパイのスキルだけではない。

諜報員養成所の元教官のバーナード（仮名）は、的確にもこう説明している。

「養成所の訓練生には強靭な精神力が求められる。肉体を鍛えるトレーニングも厳しいが、最強のスパイには精神をコントロールする能力が求められる。自分の意志で精神をコントロールできるようになれば、なんだってできる」

厳しい訓練に耐え、無事、諜報員として認められた人間として、私はみなさんにこう断言できる。

「どんな困難に直面しても最後までやり遂げ、目標を達成するのは、かならずしもあなたが予想していた人物とはかぎらない」と。

いちばん力が強い者、いちばん足が速い者、いちばん壮健な者、いちばん聡明な者とはかぎらないのだ。

　たとえば、ある訓練を受けたときのことだ。われわれ訓練生は教官たちの指導を受け、身体がボロボロになるまで追い込まれていた。腕立て伏せ、腹筋運動、バーピー〔直立した状態からしゃがみ、床に手を突いて足をうしろに伸ばし、またしゃがみ、最後に立ってワンセットのトレーニング〕を何セットも続けるのだ。そのキツさときたら、これ以上続けたら嘔吐してしまう、いや、死んでしまうと思うこともめずらしくなかった。

　ある日、ふと視線を上げると、グループのなかでいちばんタフではあるが、だれよりも虚勢を張っていた男がぼろぼろと涙を流して泣いていた。すっかり平常心を失っている。私は思わず声をあげて笑いはじめてしまった。なにしろ、自分自身、そのときは睡眠不足で心身ともに極限まで追い込まれていたのだから。

　あの屈強な男が大粒の涙を流して泣いているのがとても信じられなかった。

　だが、そのとき私は、自分が受けている訓練と自分のキャリアについてもっとも重要な教訓を得た。

▼真の実力者は「強い精神力」をもつ

　私のすぐそばに、小柄ながらも闘志をむきだしにした若い女性がいた。彼女はいつだって人とつるもうとはしなかったし、目立つ存在でもなかった。ところが訓練プログラムが進むにつれ、たとえどんな障害物があろうとも、彼女にはそれを乗り越えるだけの能力があることがわかってきた。彼女こそが真の実力者だったのだ。

彼女の表情は気迫に満ちていた。彼女はまた冷静で、集中力があり、訓練を苦もなくこなしているように見えた。私はすぐに笑うのをやめ、気を引き締めた。とにかく冷静にならなくては。あの小柄な女性が腕立て伏せや腹筋運動を次から次へとこなしているように。そのとき、このプロセスをどう見るかで、訓練を最後までやり遂げられるかどうかが決まることを私は悟った。

教官たちは訓練生をギリギリのところまで追い込む方法を熟知していた。そして、諜報員に必要な素質をもっている訓練生であれば、強靭な精神力を発揮し、どんな難題でも乗り越えることも承知していた。この訓練で生き残れるとしたら、それは上腕二頭筋の大きさのおかげじゃない。あらゆる局面で頭をフル回転させる能力があるからだ。だとしたら、これからは考え方を180度変えなければ。

それから、私は不測の事態に積極的にそなえるようになった。

どれほどの困難が待ち構えていようと、全身全霊で突き進むだけの準備ができているだろうか？

「自分には成功するだけの素質がある」と自信をもって断言できるだろうか？

イエス、イエス、断言できる。私はこれからもつねに平常心を保ち、事前にリスクを予想したうえで危険を冒す。瞬時に選択して、即断する。どれほど不可能に思えても、目標を達成するためならなんだってやってみせる。こんなふうに考えていれば、どれほど手ごわい難題であろうと、乗り越えることができた。

とはいえ、自信を喪失しそうになったことも一度や二度ではなかった。そんなときは、正しい道筋を即座に見きわめることなどできなかったし、次にどんな行動を起こすのが正解なのか見当もつかなかった。

こんなふうに挫折しそうになったときには、なんとしてもやり遂げてみせると自分に誓ったことを思いだし、**「自信反射」**と名づけた手法を活用した。

▼自信反射とは

「自信反射」とは私が編みだした思考法で、**どんな困難に直面しようと自分には行動を起こすだけの能力がある、あるいは正しい決断をくだすだけの能力があると「強い自信をもって状況に対処する」**ことを指す。

私はこの「自信反射」を、いまでは常時、無意識に実行できるようになっている。つねに自信をもってふるまえたおかげで諜報員として成功をおさめたわけだが、それだけでなく、さらにビジネスマンとしても成功する完璧な能力を身に付けたのだ。

ビジネスを始めた私が挑んだ最大のチャレンジには、大恥をかく姿を世間にさらすリスクが潜んでいた。2014年2月、なんとABCのテレビ番組「シャーク・タンク」に出演するチャンスを得たのである。とはいえ、状況は私にとってきわめて不利だった。その番組の出演者が売り込むのはもっぱら「製品」だったからだ（おまけに資金を獲得できる確率がもっとも高いのは飲食品だった）。ユタ州で「スパイ術」を伝授する学校を経営している私のような男が、いったいどうやって製品を売り込む出演者たちと張りあえばいい？

だが、たとえテレビの生放送で私が負けるところを知り合い全員に観られようと、尻尾を巻いて逃げだすつもりはなかった。

それというのも**「自信反射」を身に付けたおかげで、なんとしてもやり遂げてみせるという気概が湧き、活力がみなぎっていた**からだ。

こうして退却せずに突き進んだことを、あの日から嬉しく思わない日はない。

やがて、**いくつかの基本的な特質をかねそなえているからこそ、「自信反射」が可能に**

なることもわかってきた。もちろん「自信」は必須だが、有能な諜報員やビジネスマンは、**臨機応変で、協調性があり、創意工夫に富み、相手に共感を示すことができる。さらにはEQ（心の知能指数）も高い。**こうしたさまざまな特質を利用して、次に挙げる手法を実践すれば、あなたも大きな成果をあげられるはずだ。

スパイが100％の自信をもつ理由

CIAの職員はきわめて愛国心が強く、「われわれの任務は危害を加える機会をうかがっている国外の勢力からわが国を守ることだ」と固く信じている。それがどれほど困難であろうと、自分たちが能力を発揮すれば任務を遂行できると信じているのだ。

たとえばタイラーは、この演習で直面する難局をすべて乗り越えていかねばならないという事実を受けいれるしかなかったが、そのゴールがどこにあるのか、皆目見当もついていなかった。とにかく目の前の難題を解決していくのが、彼に課された最終的なミッションだった。

スパイには、自分の任務に疑問を差し挟む余地などない。それはビジネスでも同じことだ。あなたには自社の製品やサービスに疑問を呈する余地などない。もちろん、セールスパーソンや起業家には祖国に命を捧げるつもりなどないだろうが、ビジネスを成功させたければつねに情熱の炎を燃やし、粘り強く最後までやり遂げなければならない。

スパイは次のような行動をとり、自信を高める

・目標を定める。最終段階はどのような状態になるのか、つねに把握する。
・進捗状況を追う。観察した内容や自分の行動について、日々、詳細に記録を残す。
・努力して最後までやり抜く。一度始めたことはかならず完了する。どんな目標を達成するにせよ、成功のカギを握るのは「最後までやり抜く力」だ。
・他人からどう思われようと、気にかけない。自分は適切な手順を踏んでいると確信している。
・誠実であることを重んじ、高潔に規範を守り、職務に励む。
・運動を日課にして筋力を維持し、健康的なライフスタイルを送る。

困難な状況を切り抜ける機転のきかせ方

タイラーは公共の交通機関をいっさい利用せずに、相当長い距離を移動する方法を考えださなければならなかった。しかし、「ウソだろ、車も用意してもらえないのかよ。目標の時刻までに目的地に着くなんて無理に決まってる」とは、愚痴らなかった。

それまでの訓練のおかげで、A地点からB地点に到達する方法を、なんとしてでも見つけなければならないことがわかっていたのだ。

私自身、のっぴきならぬ事態に追い込まれ、生き延びるには機転をきかせるしかなかった経験がある。サバイバル訓練の一環として、標高2700メートルほどの山あいに置き去りにされたのだ——テント、寝袋、防寒具といった装備はいっさいなく、トイレットペーパーさえ与えられていない状態で。

私はすぐさま枯葉と松葉をかき集め、寝床をつくることにした。それから小枝や樹皮を集めて、風雨をしのぐ斜めの屋根をつくった。便意をもよおしたら？　大きな葉があればトイレットペーパーのかわりになるが、かぶれない植物を選ばなくては……。

このように、どんな緊急事態に直面しようとも、**臨機応変に対処しようと思えば、周囲にはいくらでも利用できるものがある。**それはビジネスでも同じこと。最小限の資源や元手でビジネスの世界を切り拓いていけば、あなたは自然とライバルより優位に立つことができる。

スパイは次のような行動をとり、機転をきかす能力を高める

・「照準から外れろ《オフ・ザ・エックス》」を実行する。これは諜報の世界で使われる用語で、「敵が攻撃目標とする照準から外れなければ命を落とす」ことを意味する。どんな事態に直面しても臨機応変に対処するには、つねに先を読まなければならない。解決策が頭に浮かぶのをのんびり待つ余裕はない。

- これまでにも困難な状況をうまく切り抜けてきたことを思いだし、「豊富な経験から得た知識を活用すればどんな困難も乗り越えられる」と、自分に言い聞かせる。
- 新たな物事に挑戦するのをおそれない。スパイはけっして学ぶことをやめず、情報の武器庫に兵器を増やしつづける。毎月、なにか新たなことに挑戦し、自分を成長させる努力を続ける。
- ルールを完璧に守るとはかぎらない。もちろん、諜報の仕事には一連の行動規範が定められてはいるものの、目標を達成するためなら、あるいは生き延びるためなら、ルールを多少曲げることも厭《いと》わない。

助けを求めるベストなタイミングとは

タイラーは、ワシントンDCまで歩いていくわけにはいかなかった。そんな真似をしたところで、時間内に到着するのは無理に決まっているからだ。この最初の大きな障害物を乗り越えるには、力を貸してくれる人間をさがすしかない。

タイラーがあくまでも自力で切り抜けることに固執し、他人の力を利用するのを断固として拒否していたら、目的地に到達することはできなかっただろう。諜報の世界では、他人の力を借りるべきタイミングを見きわめ、ほかの人間に関わってもらう準備をととのえなければならない。

私の諜報員時代にも、なにもせずに手をこまねいていれば、だれかが殺されかねないケースがあった。

たとえば、ある作戦では、他国の戦略に関する機密情報にリアルタイムでアクセスできる現地の協力者に力を借りることになった。こうした作戦を練る場合、ミーティングの冒頭で機密保護、身の安全、健康問題、そして緊急時の作戦中止などに関して活発に討議する。それを終えてから、現地の協力者と秘密裏にコミュニケーションをとる具体的な計画を立てるのだ。

だが残念ながら、その協力者はわれわれの計画に完璧には従わなかったうえ、自分の身の安全に関する重要な情報をこちらに伝えてこなかった。ところが、彼の家族が自宅から強制連行されるという事態を迎え、当人がついに助けを求めてきた。われわれは彼の救出計画を即座に立てはじめたものの、その後まもなく、当人が路上で射殺された。

ありがたいことに、私のいまの仕事では、そのような差し迫った事態に直面することはないが、あのとき学んだ教訓をけっして忘れることはない。

「**ふさわしいタイミングで助けを求めなければ、成功をおさめることはできない**」という教訓を。

信じられないかもしれないが、私は一時期、ラスベガスの巨大カジノホテルでステージショーを披露するチャンスに恵まれた。ショービジネスのことなどなにも知らなかったし、それまでの人生でステージに立ったことなど一度もなかった。自分の能力には限界があることも、適切な人物に助けを借りなければ失敗することもわかっていたので、すぐにショービジネスの専門家をさがしはじめた。そして経験豊富なプロとチームを組むことにした。専門家の知識と経験がなければ、ショーは成功しなかっただろう。

同様に、大成功をおさめているビジネスマンは**自分とチームメンバーの強みと弱みをよく把握している**。だからこそ**メンバーと協力して、最高の成果をあげられる**のだ。

スパイは次のような行動をとり、協働する

・期待している成果を明確にする。関係者全員に最終目標を伝え、その目標を達成するためにすべきことを理解させる。

・コミュニケーションをとる方法を明確に定める。諜報の世界では、協力者に明確なシグナルを送る手法を決めなければならない。たとえば公園のベンチにチョークで印を残し、事前に決めておいた場所で落ちあいたいとメッセージを送るのだ。実際に顔をあわせずに情報を受け渡し、事前に設定した物（ビールの空き缶やニセモノの石）のなかにメモを隠し、ほかのスパイに残していく場合もある。そのあとは報告書を提出したり、書類を作成したりという地味な作業も待っている。

・ある種の分野では、自分より高度な専門知識や技術をもつ人間がいることを自覚している。そのため、新たな社員や組織のメンバーと積極的に会う心構えをもっている。新たなアイディアや考え方に対して、つねに気持ちをオープンにしておく。

・チームメンバーに敬意を示し、互いに尊重しあう。

問題は「おそれるもの」ではなく、「対処するもの」

タイラーは訓練を通じて、どんなミッションにも問題が生じること、さらに、そうした問題は複数あることを学んだ。完全無欠で、いっさいのトラブルに見舞われることなく完遂できるミッションなどない（少なくとも私が知るかぎりでは）。

だからといって、いつもネガティブに考え、かならず悪いことが起こると悲観しろと言っているわけではない。**「トラブルはいつなんどき起こってもおかしくない」という事実を受けいれ、それを解決する努力が欠かせないことを認める**のだ。

タイラーは、これからいくつもの難題が待ち受けていることを受けいれた。というのも、どんな難局に直面しようと、かならず乗り越えられるという心構えができていたからだ。諜報員の訓練では、任務中、万一にそなえてべつの代替策を用意しておき、それがうまくいかなければ、またべつの代替策を講じておくように叩き込まれる。

たとえば懐中電灯にしても、1本しか携行しないことなどない。予備の懐中電灯と十分な量の電池も用意しておく。ナイフを1本だけ手にして路上にでていくこともない。つねに数本のナイフをしのばせている。脱出計画も1種類ではない。**さまざまな災難に見舞われるリスクを想定し、複数の計画を立てておく。**

それはビジネスでも同じことだ。たとえばハードディスクやメーリングリストは、複数のバックアップをとる。トラブルは予想もしなかったときに起こるものだ――人生という道にはあちこちに落とし穴があるのだから。

必要とあれば、スパイは問題解決策を練り直す。**うまくいったときの結果を思い描き、そうした成果をあげるために必要な手順を検証する**のだ。ある著名な科学者から情報を引きだすことが目標なら、スパイはその人物について徹底的に調べあげ、当人と接触するためにどんな工作をすればいいのか、計画を立てる。

とはいえ、分析しすぎるような真似はしない。**過剰に分析しすぎると、まったく行動を起こせなくなりかねない。**

その昔、ある同僚は最高機密を水溶性の紙に記し、それを魔法瓶のカバーの内側に隠しておいた。そして、魔法瓶にはセブンアップと発泡錠のタブレットを入れておいた。もし、何者かに尾行されていると思ったら、その魔法瓶を放り投げればいい。すると魔法瓶が破裂し、液体が水溶性の紙を溶かす算段だった。

ある晩、歩いて自宅に向かっていると、背後からふたりの男がついてくることに気がついた。尾行されているのかどうか確信はもてなかったものの、彼は魔法瓶を落とし、メモが読めなくなるようにした。

結局、ふたりの男は尾行していたわけではないことが判明したが、実際に男たちに尾行されていた場合、自分の身に危険が及ぶことが、同僚にはわかっていた。

どんな危険が及んだのか？

あのまま躊躇し、なにも行動を起こさなければ、命を落としていたのである。

スパイは次のような行動をとり、問題を解決する

・短期的にも長期的にも、さまざまな障害物が待ち受けていることを覚悟する。
・どんな解決策に対しても、その可能性を検討し、柔軟に対応する。どんなところから解決策が生じるかわからないことも承知している。

常識にとらわれない発案をするには

スパイの特質として「創造性」が欠かせないと言われても、ぴんとこないかもしれない。でも、たとえばあなたがタイラーと同じ状況に置かれて、深夜に見ず知らずの人間の車に乗せてもらう必要性に迫られれば、創造性が欠かせないことを痛感するだろう。

タイラーは車中の男たちをすぐに納得させ、ヒッチハイクに成功した。それもこれも、まずは同じ大学に通っていると思わせ、それから就職活動の面接を逃したくないという理由を説明したからだ。それは、タイラーがその場でみずからの創造性を発揮して、でっちあげた作り話だった。

このように、なんとしても任務を遂行するために、スパイが創造性を発揮せざるをえない例はめずらしくない。正体を隠すために完璧な隠れ蓑を考えだしたり、ソーダの缶を利用してその場で武器をつくったりするのだ。創造性が自分の命を救うことだってある。

「型にはまらない考え方をする」という言い回しは世間でよく使われるが、諜報員はいつだって常識にとらわれない発案をすることができる。ありきたりの手順を踏んだり、だれにでも予測できるやり方をしたりしてはならないからだ。

創造性を伸ばせば、あなたも優位に立てるようになる。

スパイは次のような行動をとり、創造性を発揮する

・スパイ技術に磨きをかける努力を続ける。すれ違いざまにそっと物を受け渡す練習をする、監視されていないかどうか見破るルートを事前に細かく決めておく、変装用の小道具をつねにとりだせるようにしておく……。こうして努力を続けていれば、新たな手法を思いつくかもしれないし、見すごしていたことに気づいて、ぴったりの方法を思いつくかもしれない。

・一見、無関係なもののあいだに関係性があることを見破る。平凡な物事の陰に隠れている重要な意味を見いだすのだ。たとえば、あるスパイがレストランにいたとしよう。ひとりの男がウェイトレスに話しかけているのが見える。そこにトイレからひとりの男がでてきて、ふたりの横を通りすぎる。するとスパイは、ふたりの男が目をあわせただけでなく、だれにも気づかれることなく、すれ違いざまになにかを受け渡した可能性を考慮するのだ。

- リスクを冒すことをおそれない。創造性を発揮して発案したアイディアの数々のなかに、「ぜったいにまちがっている」ものがあると決めつけない。
- 「そんなアイディアはバカげている」と非難する声が頭のなかで聞こえても、ネガティブな意見は無視する。

相手の警戒をとく「共感力」

タイラーは共感を示したからこそ、車に乗っている若者たちの不安をすぐさまとりのぞくことができた。その結果、深夜、赤の他人の車に乗せてもらえたのだ。

そして相手からも共感を得たあと、タイラーは作り話を調整し、「こいつなら車に乗せても大丈夫」という安心感をもたせることに成功した。

その反対に、任務の遂行で頭がいっぱいだったら、タイラーは若者たちに無理強いをしていたかもしれない。そうなったら、相手は不安になり、彼を車に乗せようとはしなかっただろう。

タイラーはまた共感力を発揮し、ビーチのバーについてちょっとしたおしゃべりをした。車内の若者たちに安心してもらいたかったし、くつろいでもらいたかったからだ。

相手が気を許すように仕向けるのは、さまざまな状況で効果があり、ミッションの成功に大きく貢献する。

だから、スパイは共感を示すことをつねに心がけている。なにしろ、異国の人間に国を裏切るように仕向けるのが任務なのだから。スパイ技術に共感は欠かせない要素だ。

バーナードは、有能な諜報員にもっとも求めるのは「共感力」だと断言する。

「諜報員の仕事は、任務を遂行することだ。そのためには、情報源から極秘情報を引きださなければならない場合も多い。だが、相手から信頼されていなければ、情報は得られない。嫌われたり、そばにいてほしくないと思われたりしたら、ぜったいにうまくいかないんだよ。自分が利用されていることを、相手は百も承知している。だから、情報源とは誠意をもって交流しなければならない。さもないと、必要な情報を引きだせずに終わる」

スパイは次のような行動をとり、共感力を伸ばしている

・相手の立場に身を置いて状況を見ることを心がける。
・他人を非難したり、相手はこういう人間だと決めつけたりしない。
・積極的に相手の話に耳を傾ける。

・相手にいくつも質問を投げかける。
・相手に100%、注意を向ける。
・相手が心地よくすごせるように努める。

感情を自由自在にコントロールする方法

タイラーは演習中、あらゆる局面で完璧なスパイらしくふるまった。ミスを犯すのではないかと不安を覚えることもあったが、不安になるのは当然だと割り切り、着実に前進した。疑念や不安に押し潰されることはなかったし、判断力を鈍らせることもなかった。

つまり、これからどんな難題に直面するのだろうと懸念し、緊張してはいたものの、自分の感情の状態を把握していたし、パニックにおちいることはなかったのだ。

生まれつき鋭い洞察力に恵まれているに越したことはないが、心理学の世界ではいま、成功したいのであれば「人間の行動に通じている」ほうがはるかに有利だと考えられている。そのためにはまず、「感情的知性」を高めなければならない。

すなわち、**自分と他者の感情に関する認識を深め、思考と感情のバランスをとる**のだ。自分の感情をコントロールできず、他者と協力もできないうえ、共感を示すこともできなければ、成功など夢のまた夢だ。

私の同僚のロドニーは、これまで世界各地でさまざまな任務を遂行してきた。その彼もやはり、諜報の世界で成功をおさめるには感情的知性が欠かせないと語っている。

「なにより大切なのは、批判の扱い方を心得ることだ。きみは批判されても、その批判を自分なりに噛み砕いて、有益なものへと変えられるかい？　批判の声に耳を傾けながらも、本来の計画をいっさい変えずに実行したり、自分の考えを通したりできるかい？　それができるのは、自分のやり方こそが正しいと心の奥底でわかっているからだ。生き延びるには他人の批判の声に耳を傾けねばならない場合もあるが、そうした声に左右されず、自分のやり方を貫くべき場合もあるからね」

スパイは次のような行動をとり、感情的知性を発揮する

- 自分の感情をよく把握している。
- 自分の行動を客観的に眺め、意識している。
- 自分がなぜある種の感情を示し、行動をとっているのか、その理由をよく分析する。
- 批判されたら、適切な場合にのみ、対応する。

世界最強のビジネスマンは「自信反射」をマスターしている

「自信反射」を駆使したおかげで、私はこれまで数々の難局を乗り切ってきた。そもそも、自信反射を習得していなければ、最後まで訓練をやり遂げられたかどうか、怪しいものだ。

私はいまサバイバルと身の安全に関するサービスを専門に提供する会社を経営しているわけだが、このビジネスを通じて、想像を絶する状況で任務を遂行してきた元諜報員たちと知りあう機会を得た。麻薬密売組織の悪名高いボスを捕えたり、敵国で機密情報を収集したりしてきたつわものたちだ。また、それぞれの業界でトップにまで昇りつめ、大成功をおさめたビジネスマンたちとも交流する機会に恵まれ、なかにはだれもが知る著名人もいた。

かれらの話を聞いていると、諜報員本人が殺害されることなく麻薬王を捕える才能は、起業した会社を10億ドル企業にまで育てたり、多国籍起業を経営したりするのと同じ才能であることがわかってきた。私がその好例だ。なにしろ起業したとき、私には経営学の博士号もなければ、いっさいのコネもなかったのだから。

事業を成長させるプロセスでも、営業、マーケティング、人脈づくり、人材採用においても、新たなテクノロジーを把握するうえでも、競合他社の動向に目を光らせるうえでも、私は自信反射のおかげで優位に立つことができた。

とはいえ、安心してもらいたい。自信反射を身に付けたいからといって、なにも諜報員の養成機関で過酷な訓練をやり遂げる必要はない。

自信反射をマスターしたいのなら、時間をかけて練習を積むことだ。そしていったん自信反射を習得し、つねに自然体で自信反射を活用できるようになれば、あなたはこれまで想像もしなかったほどの大成功をおさめられるだろう。

ついには、どんな業界であろうとトップに躍りでるはずだ。

「スパイ神話」のウソ、ホント

スパイは例外なく外国語の才能に恵まれていて、2カ国語以上に堪能。

それはウソ!

テレビや映画では、よくこんなシーンがある。

スパイがレストランの隅の薄暗いテーブルで食事をしている。彼はただ、ひとりの時間を楽しみ、夕食を食べているだけなのかもしれないし、友人とふたりで食事を楽しんでいるのかもしれない。

すると、隣のテーブルに座っているカップルがロシア語で話す声が聞こえてくる。スパイはカップルの話を盗み聞きし、ロシア人が爆破攻撃や誘拐の計画を立てている重要な情報をつかむ（混雑したレストランでそんな話をするはずはないのだが）。スパイは急に席を立つ。そしてロシア語に堪能な自分の能力に感謝しつつ、お手柄を立てるという筋書きだ。

だが現実には、訓練を受けはじめたスパイの大半は1種類の外国語さえまともに話すことができない（母国語以外の言語に通じていれば、当然、有利ではあるのだが）。

大半のスパイは合図ひとつで、アラビア語で会話を始めることはできないし、ロシア語で話されている誘拐計画の内容を理解することもできない。

「スパイは外国語に堪能だ」という説は、根拠のない思い込みにすぎない。

第 1 部

スパイはこうして相手の心をつかむ

スパイが駆使する「SADRサイクル」

「SADRサイクル」、別名「諜報サイクル」は、4つの段階で構成されている。新たな協力者を獲得するという目標を達成するには、「狙いを定める《スポッティング》」「評価する《アセッシング》」「人間関係を築く《デベロッピング》」「勧誘する《リクルーティング》」という4つの段階を踏まなければならない。この4つの段階がSADRサイクルだ〔Spotting, Assessing, Developing, Recruiting の頭文字をとり、SADRと省略されている〕。

諜報の世界でのSADRサイクルでは、まずミッションの計画を立て、それから適切なターゲットに狙いを定め、ターゲットと接触する方策を固め、その人物と親しくなり、「大義のためにこちらの協力者にならないか」と勧誘する。その後、ターゲットから貴重な情報を得るまでには数カ月を要するし、数年かかる場合もある。

それでも、このサイクルは世界各地の諜報員に活用されており、わが国の政府もこのサイクルを利用して情報を収集し、計画立案や意思決定のプロセスで活用し、自爆テロや生物兵器テロといった脅威から国を守っている。

このSADRサイクルは、世界最強のセールス・テクニックとしても活用できる。必要な情報を入手するために、諜報員はアメリカ合衆国が利用できると思える人物、敵国の内部に通じている人物に、当人にとって価値のあるものを与える。それは信仰の自由かもしれないし、圧制からの解放、衣食住の費用や愛人を囲うカネ、高価なプレゼント、高級レストランでの食事かもしれない。

こうしたものと引き換えに、われわれは協力者からひとつの行動を得る。

それは「国に対する裏切り」だ。

国の最高機密を他国の政府に漏らし、それと引き換えになんらかの報酬を得れば、その人物は反逆罪を犯すことになる。よって当然のことながら、「国に対する裏切り」を簡単に売りつけることはできない。だからこそ、諜報員はＳＡＤＲサイクルの４つの段階を慎重に踏み、このうえなく複雑な取引を成立させるのだ。

それはノルマを達成するなどというなまやさしいプロセスではない。適切な人物から適切な情報を収集したうえで、自分自身と家族の身の安全を守らなければならない。

まさに、これほど危険な賭けはない。

▼どんな情報も手に入れることができる

ＳＡＤＲサイクルを利用して、あなたも貴重な情報を収集すれば、とてつもなく大きな成果をあげられるようになる。

ただし、ここではっきりさせておくが、本書は「組織の内部情報を盗む」といった違法行為についてはいっさい説明しない。そうではなく、**情報を収集するツールを活用すれば、どんな人物とでも知り合いになれて、どんな情報でも引きだせる**ことを説明していく。

情報が成功のカギを握る例は多い。だからこそSADRサイクルを活用すれば重要な情報を収集し、ビジネスを成長させ、どんな製品であろうと販売できるようになる。あなたが自動車のセールスマンであろうと、調理器具の販売員であろうと、フォーチュン500社に名を連ねる企業のCEOであろうと関係ない――このテクニックを活用すれば、なんだって売ることができるのだ。

このシンプルなプロセスは市場で勝利をおさめるためにも、盤石な顧客基盤を築くためにも活用できる。新たな人材の能力も即座に評価できるようになり、チームにふさわしくない人物を迎えいれて時間とカネをムダにする事態も避けられる。ライバルの動向もすばやく把握できるようになり、知らないあいだに先を越されずにすむ。

SADRサイクルはセールスとビジネスにおいて最強の武器となるが、利点はそれだけではない。このサイクルを実践するのはきわめて楽しいこともおわかりいただけるはずだ。

第1章

狙いを定める
――ターゲットの心を読み、近づく

ターゲットを絞り込む

場　所　オランダ、アムステルダム、バイテンフェルデルト近辺

要求事項　プロジェクトTXTに関する専門知識をもつ者、もしくは同プロジェクトの発展に有益な人脈をもつ者を、カンファレンス参加者からさがしあてる。

■ライアンのストーリー

この任務を遂行するうえで、事実上、私はほとんど情報を与えられていなかった。た

だ、伝えられたのは以下の情報だけだった。

オランダで小規模なカンファレンスが開催される予定で、そこには世界有数の物理学者も何人か参加するが、期間はたったの4日間。こちらが収集した情報によれば、現在、アメリカ合衆国の安全保障を揺るがしかねない重大な研究が他国で進行中である。よって、その研究の責任者がどの物理学者なのかをさぐりだせというのが、私に課せられた任務だった。それはつまり、これまでに経験したことがないほどの短期間でミッションを遂行しなければならないことを意味した。

諜報員の仕事をしていると、まるで目隠しをされているような気分になることがある。たしかに任務を課されてはいるものの、プロジェクトの全体像がまだよく見えないうちから、着手しなければならない作業が山ほどあるからだ。とはいえ、諜報員として特訓を受けてきたおかげで、系統立てた手順を踏めば、貴重な情報の提供者となりうる人物を大勢のグループのなかから見さだめることができるようになっていた。

私は、カンファレンスの前夜に懇親会が開催されている一軒家に到着した。その美しい家はアムステルダム南部の閑静な住宅街にあって、玄関にはクラシックな青いドアがしつらえられていた。室内には食べ物や飲み物がふんだんに用意され、オードブルやビールも並べられていた。暖炉では炎が揺らめき、室内に心地よいぬくもりをもたらしている。集まっている人たちはいかにも教養がありそうだが、それほど堅苦しい雰囲気ではない。

室内に入ると、集まった物理学者たちがいくつかのグループに分かれていることがすぐにわかった。部屋の隅では、いくぶん若めの男性とふたりの若い女性が談笑している。その3人はいかにも楽しそうで、ほかの出席者よりもカジュアルな服装をしていた。ジャケットを着用している男性もごく数名いるが、ちっとも身体にあっていない。それはふだん、かれらにはフォーマルな服装ででかける機会がほとんどないことを意味していた。

そうやって観察を続けていると、ひとりの女性がそばにいる相手の肩を軽く叩き、暖炉のほうを指した。すると一緒にいるグループ全員が暖炉のほうを見て、一様に驚いたような表情を浮かべた。どうやら、これが最初の手がかりになりそうだ。暖炉のあたりにいる人間のだれかに、グループ全員が関心を示したのだから。今夜は暖炉前のグループから目をそらさないようにしなければ。

そこでスマホを見ているようなふりをしながら、次はどんな行動を起こそうかと慎重に考えた。暖炉前の人たちは熱心に話し込んでいて、そのあたりだけ、見るからに活気がある。それに、暖炉前のグループはいちばん人数が多かったにもかかわらず、人の輪は広がるいっぽうだ――まるで、そこでかわされている会話に参加者が惹きつけられているように。だが、そのなかのだれがターゲットの物理学者なのかをさぐりあてるには、もう少し時間をかけなければならない。

部屋の中央には、べつの小さなグループができていた。そこでかわされている会話から察するに、以前からの知り合いが集まって談笑しているようだ。そのグループでは、ひとりの男が目立っていた。スーツは仕立てがよく、ごくふつうの大学教授が着ているような服ではない。さらに会話に参加してはいるものの、男の足先はわずかに人の輪の外に向いていた。どんな理由があるにせよ、あの男は会話を終わらせたがっている。

私は料理が並べられたテーブルのほうに歩いていった。すると、例の男がグループから抜けだし、こちらに歩いてきて、声をかけてきた。30代後半か、40代前半だろう。手首には高価なロレックスの腕時計、靴はおそらくイタリア製、ネクタイは上等なシルク。この男は大学教授でも研究者でもない――服装からそれがわかる。私は彼のほうを向き、目をまっすぐに見て、握手をした。

「はじめまして、ライアンといいます」

そう自己紹介をすると、男はクライヴと名乗った。小規模ではあるが業界屈指のエンジニア会社に勤務しているという。彼の勤め先は、私の調査資料でも名前が挙がっている企業だった。

どうやら、私とクライヴは同じ人物に関心をもっているようだった。だから彼はさきほどまで話をしていたグループから離れてきたのだろう。いっぽう私はといえば、数学や物理学に関しては雑談するのがせいいっぱいで、本物の研究者と専門的な話などできるはずもない。そこで、できるだけ気楽な会話を続けようとしながらも、クライヴのことをもちあげ、彼をいい気分にさせ、私と話を続けたいと思わせるようにした。そして会話を始めて数分がたった頃、私はこう言った。

「ところで、あそこにいる人たちのこと、ご存じですか？」そして、暖炉前に集まっているグループのほうを指した。

「ああ、もちろん。ここにいる連中はみんな、タッドと話したがってるからね。素粒子物理学の第一人者で、研究で傑出した成果をあげているんだ。タッドに紹介しようか？」

大当たり！　私はターゲットらしき人物をさがしあてただけでなく、無理強いした印象を与えずに、当人に紹介してもらう算段をつけたのだ。ついてこい、とクライヴが私に手招きをすると、暖炉前の人の輪のなかに少しずつ入っていった。そしてタッドの腕を軽く叩き、声をかけた。

「ライアンを紹介させてください。アメリカのコンサルティング会社に勤めていて、進展中の研究の調査にやってきたそうです」

タッドが振り向き、私に言った。「はじめまして」

私はタッドの目をまっすぐに見て、力をこめて握手をした。

「先生とお目にかかれて、これほど光栄なことはありません」

すると、タッドが「こちらはマーカス、フランチェスカ、リリアン、フランクだ」と、ほかの人たちも紹介してくれた。タッドはそのまま周囲の人たちと会話を始め、私はグループのほかの人たちと雑談をした。それから約2時間後、パーティーはおひらきとなった。タッドと直接話す機会にはもう恵まれなかったが、私にしてみれば、タッドと知り合いになれただけで大成功だった。私はホテルの部屋に戻り、ドアに鍵をかけ、記録を残した。あした、この作戦を次の段階へと進めるのが楽しみだ。

それからコートを着て、靴を履き、ホテルをでると、ひんやりとした夜の街を歩きだした。あたりは暗く、通りは静かで、なにもかもが霧に包まれている。

私は用心して歩きつづけ、400メートルほど北上したところで小さな感じのいい公園に入っていき、ベンチに腰を下ろした——左から3番目のベンチだ。そして靴紐を結んでいるようなふりをした。こんな夜更けに公園のベンチに座っているところを見られる確率は低いが、どんなリスクも冒すわけにはいかない。深夜に公園のベンチに座っていること自体が不自然ではあったが、靴紐を結ぶのは腰を下ろすもっともな理由になる。

私はコートの左ポケットに手を突っ込み、赤い画鋲をひとつ、とりだした。そしてベンチの左側面に刺し込んだ。画鋲の存在になど、だれも気づかないだろう——もちろん、ジョージナはべつだが。

この画鋲が意味するところはただひとつ。

「彼を見つけた。ただちに次のステップを開始する」だ。

あした、この公園に散歩にくるジョージナは、画鋲を見たらさぞ喜ぶだろう。

ライアンのストーリーは、彼がアムステルダムに到着するずっと前から始まっていた。まず、ＣＩＡのアナリストたちが世界各地の現地派遣要員があげてきた情報をふるいにかけ、見直し、評価し、その分析結果を基盤に「要求事項」を定める。情報を解釈し、パターンを見つけだし、アメリカ合衆国を守るために必要と思われる行動を導きだすのがアナリストの仕事だ。

いっぽう、ライアンはこの「要求事項」を慎重に分析し、最終目標についてアナリストと時間をかけて徹底的に話しあったはずだ。よって、彼は自分に課された任務の内容をしっかりと把握している。おそらくアナリストはライアンのターゲットとして、特殊な専門知識をもつ人物のリストを全世界の物理学者のなかから10人程度までに絞り込んでいたはずだ。諜報の世界では、人脈を築くために網を広く張るのは、時間がかかるうえに大きな危険がともなうと考えられている。

そのためライアンは「ターゲットと知り合いになる」ために力を貸してくれそうな人物を正確に割りだし、その相手に慎重に近づいていったのだ。

ＣＩＡを辞め、起業した頃、私にはほとんどコネがなかった。そのうえ、私はかなり内向的な人間で、親しくしているのは友人、家族、近所や教会の人たち程度で、知り合いの数はかぎられていた。

私は事業を成長させたいと思ってはいたものの、起業家としても妻子をもつ身としても、なにより貴重な時間がとにかく足りなかった。だからあちこちのイベントにでかけていき、手当たり次第に名刺を渡したところで時間をムダにするだけのような気がしていた。

もちろん、運がよければ業界の名士と知りあえてコネができるかもしれないが、そんな見込みは低い。私はかぎられた時間を有効活用したかったし、そのほうが目標に早く到達できるように思えた。

諜報員として訓練を受けたおかげで、**最終目標をつねに念頭に置き、その目標達成に力を貸してくれそうな人間を見つけるべき**であることが、よくわかっていたのだ。

アナリストがターゲットとして狙うべき人物の候補を狭めていくように、私はビジネスを短期間で成功させるうえで必要なものに集中することにした。サバイバル関係の会社を起業していたので、まずは特殊分野の専門知識をもつ人たちに協力してもらう必要があった。そこで市場のリサーチをしたところ、サバイバルグッズの需要と供給があることはわかったが、そうした商品の購買者と、どうすればつながれるのかがわからなかった。

私のビジネスの急成長に一役買ってくれそうな人物と、どうすれば知り合いになれるのだろう？　同業者は数千人もいるだろうに、どうすれば抜きんでた存在になれるのだろう？

［スパイの裏ワザ］

■ターゲットと親しくなるきっかけは、かならずつくれる

スパイは適切な人物とすぐに知り合いになれなくても、失望しない。相手がどれほど遠くにいようと、どれほど権力をもっていようと、有名であろうと、危険であろうと、はた

また隠遁生活を送っていようと、どこかにかならず突破口があり、知りあえることがわかっているからだ。

ターゲットとの橋渡し役をはたす連絡員を割りだすのは、それほどむずかしいことではない。スパイは連絡員本人の情報をつかんでいるだけではなく、その連絡員がどんな人脈をもっているかもよく把握しているからだ。

どんな知り合い、親戚、隣人、同僚がいるのか？　どんなものに関心を寄せているのか？　その結果、どんな人間とつながりをつくっているのか？

とはいえ、スパイは連絡員をこき使わないように慎重を期しているし、「与えるからこそ見返りを得られる」というモットーを忘れない。人間らしいぬくもりのある交流をしてくれたお返しに、ちょっとした便宜をはかることもある。そして将来、相手の身になにか起こったときには、ぜったいに支援を惜しまないことを明確に伝えている。


起業家やセールスパーソンはともすればストレスにさいなまれ、疲弊してしまいがちだ。ターゲットとつながり、こちらの製品を買わせることなど不可能に思える場合もあるだろう。

そこで私は自分のなかのアナリストを起動し、数百万ドルの利益をあげる企業を築くというミッションを達成すべく、集中して取り組む3つの活動を定めた。

▼成功のために、集中して取り組むべき3つの活動

1．メディアを利用し、コネをつくる

メディア関係に知り合いはひとりもいなかったが、わが社に関する評判を広げてもらうには、テレビやラジオの番組に出演したり、雑誌の記事でとりあげてもらったりしなければならないと、私は考えるようになった。

正直なところ、自分がテレビ番組に出演するなどと考えるだけで身が縮んだが、セレブがもてはやされる現代でメディアを利用しない手はない。それに「テレビやラジオの番組に出演した経験があります」「雑誌に記事を寄稿した経験があります」とアピールすれば、私の信用度もあがるだろうと踏んだのだ。

新興ビジネスには、とにかく信用が欠かせない。

2．同業者の団体や提携グループに加わる

起業はしたものの、私には売り込みをする大勢の顧客がいなかった。つまり、顧客基盤ができていなかったのだ。こうした場合、同業者の団体や提携グループに加入しよう。

すでにブランドを確立している企業や大勢の顧客を確保している企業と取引をまとめられれば、自社製品を販売するチャンスが生まれる。そうすれば、まだ立ちあげたばかりの会社で孤軍奮闘するよりも、もっと大勢の顧客に売り込みをかけられるようになり、売上を伸ばし、すぐに利益をあげられるようになる。

3. 合弁事業に関心をもつ他社をさがす

繰り返すが、スタートアップを数百万ドルの売上を誇る企業へとすばやく成長させるには、自社製品のことを大勢の人たちに知ってもらわなければならない。だから、私は合弁《ジョイント》事業《ベンチャー》に乗りだすことにした。製品やサービスを双方の顧客基盤に販売する同業者をさがすことにしたのだ。当然、利益はシェアしなければならないが、リスクもシェアすることができる。

他社との合弁事業が軌道に乗れば、わが社の製品やサービスをより多くの顧客に売り込めるようになる。そうなれば、顧客がほかにどんな製品を望んでいるのかを把握し、製品ラインアップを増やすこともできる。また顧客の人数が増えた結果、私が必死で獲得した顧客基盤のデータを他社に提供し、そこから利益も得られるようになる。

こうして、集中して取り組む3つの活動を定め、目標達成に力を貸してくれる人物をさがすことにした。

もちろん、読者のみなさん全員がサバイバル業界の方ではないだろうが、どんな業界に身を置いていようと、この手法はうまくいく。貴社の存続と発展のために必要な活動を3つに絞れば、ビジネスの確固たる基盤を築くことができるのだ。もちろん、集中して取り組む3つの活動はほかにも考えられるだろうが、あなたの業界でその努力が奏功するかどうか、事前にしっかりとリサーチをしよう。

▼集中すべきものを決める指針

集中して取り組む活動を定める際には、次の2点を検討してもらいたい。

1．最終目標はなんだろう？

CIAのアナリストは最終目標をかならず明確に定める――「麻薬王を捕える」「テロ攻撃計画に関する秘密情報を入手する」「アメリカ合衆国の脅威となりうる科学技術を発展させた国をさぐりだす」などだ。ミスは許されない。アメリカ国民の安全がかかっているのだから。

あなたのビジネスについても同様に考えよう。ＣＩＡのアナリストは明確な目標を立て、要求事項を決定する。あなたも同じ思考回路をたどり、どうすれば最終目標を達成できるのか、その段階を具体的に思い描こう。

2. 生き残るうえで必須の要素はなんだろう？

どんな起業家でも「継続して収益をあげるのが経営の基盤」と言うだろう。それは紛うことなき事実だが、もう少し掘り下げて考えてみよう。

そのプロセスにおいて、できるだけ早く収益をあげるには、なにをすればいい？　取引先の決裁権をもつ幹部とコネをつくらなければならない？　業者を選ぶ担当者はだれ？　資金を調達するには、投資家のツテをたどらなければならない？

わが社の場合、収益をあげるまでに数年も待つ余裕などないことがわかっていた。どんなスタートアップであろうと、そんな余裕はないだろう。だから起業したら、早い段階で資金獲得の手段を確立することが肝心だ。私の場合、それはメディア露出を利用して、わが社の製品やサービスの魅力を大勢の視聴者に訴えかけることを意味した。

数百万もの人たちに購入してもらえる大ヒット商品に恵まれるという夢を描くだけでなく、どうすれば確実に製品を売り、収益をあげられるのか、具体的な方策を練ろう。

スパイはけっして「ケイシング」をやめない

「ケイシング」とは、**周囲で起きている万事を注意深く観察し、つねに状況を把握すること**を指す。スパイはけっしてケイシングをやめない――たとえ引退しようとも。

ケイシングの習慣は諜報員の脳にしっかりと組み込まれていて、その場の状況の変化をかならず察知する。たとえば、新たなビルができたせいで交通渋滞が生じるようになったら、緊急時にその場から抜けだしにくくなることを想定し、代替ルートを調べる。身の安全をはかるには、たったひとつのルートだけに頼ってはならないからだ。

同じことはビジネスにもあてはまる。**唯一の手段だけに頼っていてはならない。**「稼ぐ」という目標を達成するために、さまざまなルートを活用しよう。

「最重要リスト」をつくる

ニュース番組では、よくFBIやCIAの最重要指名手配者のリストが報じられる。こうしたお尋ね者のリストには、さまざまな極悪人がその名を連ねてきた。だが諜報の世界では、治安のために投獄したい犯罪者のリストだけを作成するわけではない。世界でもっともすぐれた知性をもち、開拓者精神を発揮し、進取の気性に富む人物のリストも作成している。つまりは、その分野のトップにまで昇りつめた人たちだ。

こうした人物のリストには、ライアンのストーリーに登場したような傑出した物理学者のほかにも、数学者、コンピュータ・プログラマー、ハッカー、化学者などの名前が並ぶ。かれらは犯罪者ではないが、その専門知識にはかりしれない価値があるため、ＣＩＡとしては思惑をもって近づいてくる連中と関わってほしくないのだ。

言い換えれば、アメリカ合衆国は、かれらの専門分野がなんであれ、その知識を利用する権利を最初に獲得したいのだ。

かくして、異業種の多士済々が名を連ねる「最重要」リストができあがる。

私はこれとまったく同じ考え方を採用して、知り合いになりたい人「トップ25」のリストを作成した。わが社を数十万ドル、あるいは数百万ドルの売上を誇る企業に育てるというミッションに力を貸してくれそうな人を見つけ、接触したいと考えたのだ。

もちろん、リストの数字が25である必要はない。あなたの事業を成長させるために必要な数でかまわないが、私には25がふさわしいように思えた。なんとか達成できそうな数字であると同時に、できる範囲で無理をしない戦略をとるのではなく、少しばかり自分に発破をかけて奮起するための数字にもなると考えたからだ。

ステップ① ターゲットにする人の基準をつくる

この段階では、これから自分がどんな人に会うことになるのか、まだわかっていない。それでも「知り合いになりたい人」のリストを作成するにあたり、まず基準を設けなければならない。私自身は、どんな人たちの名前を「知り合いになりたい人のリスト」に挙げるべきなのか、時間をかけて熟考した。そしてサバイバル業界の会合やイベントに片っ端から参加するのではなく、慎重に人脈を広げていくことにした。

インターネットのおかげで、いまでは検索エンジンでちょっと調べれば同業者を調べることができる。1日に15分ほどの時間をソーシャル検索に割けば、業界の事情を調べ、「知り合いになりたい人」の情報を得られるはずだ。私は自分の基準を設けるにあたり、次の点を検討した。

- 「知り合いになりたい人」には、どんな個性や特徴があるだろう?
- その人たちは、どんな地位にあって、どんな肩書をもっているだろう?
- どんな企業とコネをつくりたいだろう?

どんなタイプの人たちと知りあう必要があるのか、時間をかけて検討した結果、諜報員時代に受けた訓練が大いに役立つことがわかってきた。スパイの世界と同様、ある特定の条件を満たす人間はごくわずかしかいない。大きな網を投げたところで、有能な協力者が引っかかるチャンスは増えないのだ。最高機密のアルゴリズムに関する専門知識をもつ数学者は、世間にごろごろいるわけではない。

的を絞らなければ、貴重な時間をムダにするだけだ。

ステップ② 接触する場所を見きわめる

国外に送り込まれたスパイは、その町の路上を何時間もかけて歩きまわる。土地の文化、危険な地域、迂回路などを把握するためだ——そしてもちろん、力を貸してくれそうな人材を見つけられそうな場所も。

私は同様の手法をビジネスでも活用したいと思ったものの、メモをとりながら何時間もあたりをほっつき歩くつもりはなかった。事前に下調べをして、目指す相手と知りあえそうな場所の目星をつけておけば、時間と労力を大いに節約できることがわかっていたからだ。

さきほどのライアンの例でいえば、彼は専門家が集まるカンファレンスに関する情報も、その懇親会が開催される家の場所の情報も事前に入手していた。当然、それまでに多くの諜報員が地道な調査を重ねた結果、その懇親会がターゲットと知りあう絶好の機会だと判断したのである。そして実際にライアンはその現場で、目指す相手と親交を結ぶきっかけをつくることができた。

私は知り合いになりたい人「トップ25」のリストのメンバーとして、3つの分野に所属する人たちの名前を挙げることにした。メディア、わが社のパートナーになってくれそうな同業他社、そしてわが社のサービスに関心をもってくれそうな富裕層だ。私はまず、候補となる企業や個人を幅広く調べ、それから選択肢を狭めて、わが社にもっともマッチする企業や個人に狙いを定めることにした。

そして次のような手順を踏み、目指す相手と知りあえる場所を見きわめた。

- 地元のテレビ局やラジオ局の番組に出演する方法を懸命に考えた。
- 富裕層向けの雑誌や出版物を定期購読した。
- 私が関心をもっている分野に造詣の深い専門家の著書に目を通し、読後、複数の著者に感想を伝えた（読者から感想を聞くと、著者はこちらの想像以上に喜ぶものだ）。
- 2万5000ドルもの参加料を支払い、数百万ドル規模の売上を誇る企業のオーナーたちの交流会に参加した。初めて参加した会合で、私は同業者と知りあい、取引を始めたところ、すぐさま25万ドルもの収益をあげることができた。「そんな大金を積んで、経営者の交流会になんか参加できない」という方もおいでだろう。もちろん、その場合も方策はある。私自身、地元の商工会議所に加入し、大いに活用させてもらった。つながりをもちたい地元の経営者と知り合いになれるし、「月に1度、会合の場を設けましょう」と、こちらから提案することもできるからだ。

・講演の契約を獲得する努力を重ねた。その甲斐あって、ラバーメイド社などの大手企業で講演できるようになり、人脈を広げた結果、多くの企業の経営幹部がわが社のトレーニング講座を受講してくれるようになった。

ステップ③「ベースライン」を把握する

スパイは何時間もトレーニングを重ね、周囲の状況のありとあらゆる細部を観察する手法を覚えていく。最初のうちは、周囲で起こっている活動全般に注意を向ける訓練をする。このステップでは、状況判断に慣れることが肝心だ。

諜報の世界では、これを「ベースライン」と呼ぶ。**その場の状況で「ごくふつう」や「標準」に思えることに細心の注意を払う**のだ。

たとえばスポーツのイベントで、観客が大声で声援を送ったり野次を飛ばしたりするのは、ごくふつうの状態だ。だが野球の試合で、突然、スタンドに沈黙が広がれば、それは異常を察する大きな手がかりとなる。同様に、教会で叫び声が響きわたれば警戒するのが当然だ。

ライアンの例で説明すれば、彼は懇親会の会場となっている家のレイアウトを観察したはずだ。どこに出口があるのか。窓はどこにあるのか。また室内にいる男女の数も数えただろうし、家具や調度品が置いてある場所やウェイターの数などにも注意を払っただろう。なんでもない、ごくふつうの物事の特徴を観察したからこそ、ライアンは室内のベースラインを把握することができた。それができたからこそ、彼は次の重要なステップを踏み、ターゲットを見きわめられたのである。

▼周囲のベースラインを把握するには

あなたは毎日、複数の場所ですごしているのかもしれない。公共の交通機関を利用して通勤し、駅やバス停などを利用しているのかもしれない。職場に通い、子どもを学校に送り迎えし、スーパーで買い物をして、休日にはイベントに参加しているのかもしれない。

そうした環境のひとつひとつが、あなた独自のベースラインを生みだしている。

ベースラインには、その場の雰囲気も含まれる。騒がしい？　静か？　人が多い？　人気《ひとけ》がない？　光が射し込まなくて暗い？

たとえば、あなたがマンハッタンのミッドタウンで働いているのなら、そのベースラインは「人も車も多く、騒がしくて、雑然としている」状態になるだろう。ところが、あなたがオフィスビルをでたところ、路上には人っ子ひとりおらず、車も1台も走っていなければ、すぐさま不安になるはずだ。

このように、その場所におけるベースラインを把握するには、なんでもない物事に注意を向けなければならない。まず、**部屋や施設全体の雰囲気に注意を払おう。**レストランにいるのなら、店内にはあたたかい雰囲気やワクワクした雰囲気が広がっているかもしれない（追悼式に参列している場合はその反対だ）。そして、**その場にいる人たちに注意を払おう。**混雑している？　ほとんど人がいない？　どんな年齢層の人がいる？　そして、どんな活動が起こっている？　周囲の人たちは料理を食べている？　おしゃべりをしている？　新聞を読んでいる？　だれがなにをしている？

このように周囲の状況のベースラインをつねに把握する習慣を身に付ければ、あなたは安全にすごせるようになるだけでなく、知り合いになりたい相手のことも観察できるようになる。

ステップ④ 少しの「違い」を見つける

周囲の状況判断は、もっと大きな目標を達成するための基盤となる。こうした観察が本領を発揮するのは、あなたの任務と関連性があることに気づけたときだ。

スパイは物事を深いレベルまで観察する訓練を受けている。たとえばあるレストランに入っていったら、すぐさま店内の状況を把握し、どの細部が重要かを判断するのだ。

それは通りの向こうでアイドリングをしている1台の車かもしれないし、窓からはっきりと顔が見えるドライバーかもしれない。あるいはテーブルでかわされている会話の一言一句を聞きとれるほどゆっくりとグラスにワインをそそいでいるウェイトレスの存在かもしれない。

なぜ、あそこに車が停まっているのだろう？　店内の何者かが合図を送ってくるのを、ドライバーが待っているのだろうか？　なぜウェイトレスは客の会話に聞き耳を立てているのだろう？　彼女は客に給仕をしているだけでなく、ほかにもなにか思惑をもっているのだろうか？

こうした詳細を積み重ねていくと、真の全体像が見えてくる。そして、その全体像はじつに重要な事実を物語っている。あなたが物事の関連性に気づけるようになればなるほど、ビジネスの成長に力を貸してくれそうな人物を見つけやすくなる。
「本物の全体像」が把握できるようになるのだ。

ライアンは懇親会の場で、いくつか興味深い点に気づいた。のちにエンジニアリング会社の社員であることが判明した男を観察し、室内のほかの人たちとは違う服装をしていることに気づいた。彼の靴とネクタイは高級品で、その場にいたほかの面々とは違い、学者然とした服装をしていなかった。また、彼の足先は一緒にいる人の輪の外に向いていた。これは、彼がそのグループとの会話から抜けだす機会をうかがっているというシグナルだった。

［スパイの裏ワザ］

■ 足は雄弁

だれかの足先が話している相手とはべつの方向を向いていたら、その人物がもう会話を終わらせたいと思っている明確なシグナルだ。こんど、あなたがどこかの会場で退屈な相手につかまってしまい、話を聞くハメにおちいったら、自分の足先を見るといい。きっと出口のほうを向いているだろう。

ライアンはまた、暖炉のそばで談笑しているグループが室内のほかのグループより人数が多いこと、そして、ひとりの人物を中心に人の輪ができていることに気づいた。その人物は参加者の注目を浴びているようだったし、そのあたりが室内でいちばん活気を帯びていた。おそらく、あの男は引く手あまたで、この任務のターゲットである傑出した科学者であるに違いない……。

こうした細かい観察にはたしかに関連性があり、判断の一助にはなったものの、ライアンが観察したもっとも貴重な情報はべつのところにあった。

それは、ビジネスマンのクライヴが「タッドを紹介しようか」と言ってくれたあと、当のタッドの腕にそっと触れたことだ。このジェスチャーを目撃したときこそ、ライアンにとってはビンゴを当てたような瞬間だった。それはちょっとした身体の接触にすぎなかったが、そこには深い意味が隠れていたのである。

この場面を目撃したおかげで、クライヴが談笑中のタッドに声をかけ、ほかの人間を紹介しようとするほど、ふたりが親しい仲であることがわかったのだ。それはまた、タッドがクライヴに触れられても不快に思わないばかりか、クライヴに紹介された見知らぬ男と会うことを嫌がらないことも意味していた。つまり、タッドとクライヴはいわば協力関係を築いていたのだ（協力関係を築くプロセスについては後述する）。
ライアンがタッドに近づくうえで、まさに理想的なお膳立てができていたのである。

注意して観察すべき点

・一緒に集まっているのはだれ？
・互いが知り合いであるように見えるのはだれ？
・周囲の人からもっとも尊敬され、人気があるように見える人物はいるか？
・全員のことを知っていそうな人物はいるか？

ステップ⑤ あえて知人を介して紹介してもらう

就活中の人から連絡があり、あなたの勤め先について情報を教えてほしいとか、仕事の内容について教えてほしいと頼まれた経験がある方も多いだろう。いま求人していますか、なにか助言していただけませんか、などと尋ねられるのだ。
役に立ちたい気持ちはあっても、あなたは多忙をきわめていて、そんなことに関わって時間をムダにしたくない場合もあるだろう。とはいえ、友人や親戚から仕事に関する問い合わせを受ければ、「いま忙しくて、それどころじゃない」とすげなく断るのはむずかしい。

その反対に、相手が見も知らぬ赤の他人であれば、はっきりと断ることができる。そのいっぽうで、その相手を知人から紹介されれば、話は違ってくるのではないだろうか。

これが「知人を介した紹介」の効果だ。スパイの世界では、このように仲介者を通じて目指す相手を紹介してもらうのは、さまざまな作戦において欠かせない手法となっている。

スパイは政府高官と接触する任務を帯びることもめずらしくない。その政府高官が高度の専門知識をもつ人物で、権力者たちとも親密な仲であるという場合もあれば、冷酷非道な犯罪者という裏の顔をもつ場合もある。当然のことながら、そうした人物に接近する任務は困難をきわめる。よってスパイは目指すターゲットと直接、接触を試みるような真似はしない。かならず、ほかの人物を介して知り合いになろうとする。**まずはターゲットの知人と知り合いになり、それから当人を紹介してもらうほうがはるかに安全**だからだ。

私の同僚は「ターゲットの知り合いに紹介してもらえれば、状況は一変する。きみは突如として脅威ではなくなり、信頼できる人物として接してもらえるようになるんだよ」と語っている。

ライアンの場合、クライヴは完璧な仲介者になる条件を満たしていた。まず、タッドを囲む人の輪のなかに入っても、ごく自然にふるまっていた。いっぽうタッドも、いかにもクライヴのことを信用しているような行動をとった。またクライヴは学者ではなくビジネスマンだったため、ライアンのようなアメリカ人と知りあっておけば、いつか利用できるかもしれないと考えたのだろう。だから彼は、ほかの参加者よりもライアンに親切にした。

さらに、クライヴがタッドの身体に触れたことで、ふたりがある程度親密な仲であると推測できたが、きわめて親しい間柄には見えなかった。緊密な仲であれば、おそらくクライヴはタッドをハグしただろうし、タッドもまた周囲の人たちとの会話を中断し、しっかりとクライヴのほうを向いて話を始めただろう。

その反対に、クライヴがタッドに遠慮していて、ふたりの関係を壊したくないと考えていれば、ライアンを紹介しようとはしなかっただろう。

つまり、クライヴは仲介者として完璧な存在だったのだ。おかげでライアンはいっさい警戒されずに、ターゲットに近づく扉をひらくことができた。

▼まずは仲介者をさがす

ここで肝心なのは、**ターゲットにそれとは悟られずに、接近する手段を得る**ことだ。

会いたい相手があなたにいるのなら、知り合いに紹介してもらうのが最善の策だ。

私は起業したあと、経営のノウハウを教えてくれる人、そして最終的にはパートナーになってくれる人をさがす必要があることがわかっていた。

そのためにはまず、そうしたターゲットを紹介してくれる仲介者をどこでさがせばいいのか、見当をつけなければならない。

ありがたいことに、いまではインターネットを活用すればこの問題を解決できる。

そこで私はベストセラー作家や、私が出演したいと思っているテレビ番組のプロデューサーにメールを送った。また、わが社に関する記事を掲載してもらいたい雑誌の編集者にメールで売り込みをかけた。さらには宅配便を利用して手書きのカードをCEOや資産家に送り、関心をもってもらうことにも成功した。

このようにして、私は達成目標を立てた。1日に最低3人にコンタクトをとること。ふたりに電話をかけ、ひとりにメールを送るというやり方でもかまわない。手段を問わず、とにかく毎日、新たに3人にアプローチをかけることにしたのだ。やがて大勢の人たちに関心をもってもらえるようになると、その人たちからまた新たな人を紹介してもらい、どんどん人脈を広げられるようになった。

この手法は、とくにフェイスブックを利用した市場開拓で功を奏した。私はまず、その仕事内容に興味をひかれた専門家の少数精鋭のリストを作成した。だが、ひとつだけ問題があった。そうした専門家の所属先より、当時のわが社の規模がずっと小さかったのだ。

よって私は、起業したばかりではあるもののわが社には途方もない可能性があること、私に協力すべきであることを納得させる手法を考えださなければならなかった。

そんな折、ソーシャルメディアのマーケティングに関するセミナーが自宅のそばで開催されることがわかった。事前にリサーチしたところ、メインの講師は私がつながりたいと思っている人全員の知己であることが判明した。そこで私はそのセミナーを受講し、講師と知り合いになった。**私に力を貸してくれる可能性が高い人物として、その講師に狙いを定めた**のである。そして受講後には「すばらしいセミナーでした」と本人に直接、感想を伝え、ユタ州までわざわざ足を運んでくれたことにも感謝した。

さらに数日後には、メールでフォローした。「おかげさまで大変勉強になりました」と褒め言葉を繰り返し、「起業したばかりのわが社の力になってくださりそうな方にお目にかかりたいのですが」と、最後に書き添えた。

さて、彼は私をだれかに紹介してくれるだろうか？

結局、彼は私をマーケティングの専門家に紹介してくれた。おかげで、私はその人物と仕事ができるようになった。彼があいだに立ってくれたおかげで、道がひらけたのである。

社交が得意ではない人間として断言するが、諜報員の訓練を受けていなければ、私は起業しても成功できなかっただろう。人脈づくりのために大規模なパーティーに出席するのは苦手だし、ビジネスの会食でさえ避けたいと思っているからだ。

このように、あなたも私と同様、あまり社交的なタイプではない場合でも、**仲介者にターゲットを紹介してもらう戦略を利用すれば、だれとでもつながることができる**――いっさいストレスも感じずに。そうなればもう、人脈づくりのためにイベントに出席しなければと考え、戦々恐々とせずにすむ。その反対に、人脈づくりが得意で話し好きな方は（うらやましいかぎり）、この手法を活用すれば以前より早くコネをつくれるようになり、事業をいっそう成長させることができるだろう。

「スパイ神話」のウソ、ホント

スパイはジェームズ・ボンドさながらの見事な肉体の持ち主で、上品で、二枚目だ。

それはウソ！

ダニエル・クレイグ、ブラッド・ピット、マット・デイモン、トム・クルーズといった映画スターの面々がスパイ役を演じていることからも、「スパイは二枚目で、おまけに洗練されている」という神話づくりにハリウッドが一役買っているのはまちがいない。だが、じつのところ、スパイはありとあらゆる体形や体格の持ち主で構成されている。路上で見かける一般の人たちと同じだ。

本章のストーリーに登場した教授や研究者たちもまた、たいていはごくふつうの外見の持ち主だ。そもそも、スパイは作戦を実行するにあたり、さまざまな状況に違和感なく溶け込む必要がある。つまり、現場になじんで一体とならなくてはならないのだ。

私の同僚たちは現場によって、慎重に外見を選ぶ。ときには変装する場合もあるが、私が強調したいのはそこではない。たとえばライアンの場合は、学者や科学者たちのグループに自然と溶け込む必要があった。そのためにスーツやネクタイを身に着けはするものの、派手な服や高価な小物は避けるだろう。いっぽうべつの現場で、富裕層と交流のあるエリートたちになじもうとするならば、もっと高価なスーツや高級な腕時計や靴を身に着けるだろう。

すなわち有能なスパイとは、ブラッド・ピットのような外見の持ち主ではなく、自分をいかにも大学教授らしく、あるいは車の修理工らしく見せるにはどんな服装をすればいいのかを熟知している者を指す。本の表紙から内容を判断できないのと同様に、諜報員の能力を外見で判断することはできない。

大切なのは中身であり、スパイの場合、それは「なんであろうとだれにでも売りつけることができる能力」だ。

第2章

評価する
——情報をすばやく引きだし、見きわめる

怪しまれることなく、ターゲットに接近する

さて、前章のストーリーの最後で、ライアンはシグナルを残し、公園から立ち去ろうとしていた。指定のベンチに赤い画鋲を刺し込み、計画どおりに作戦が進んでいることを同僚に示し、そろそろミッションの次の段階に進むべきだと伝えたのだ。

このプロセスの第一段階は、懇親会の場で、ライアンがごくふつうの参加者であるように見せることだった。そこで彼はほかの参加者と同様、翌日からの講演も聞きにいくことにした——そして、自分が出席していることをほかの参加者にも認識させた。それは大規模なカンファレンスではなかったので、ほかの参加者に目撃され、気づかれることが肝心だった。さもなければライアンは、ほかの参加者から「怪しい人物」という印象をもたれたかもしれない。

■ライアンのストーリー「パート2」――20XX年7月4日、午前11時30分

私はその日でふたつめの講義に参加していたが、まだタッドの姿を見ていなかった。私は室内を見まわし、そこにいる人たちのことを記憶にとどめはしたものの、自分自身は注意を引かないように気をつけた。このとき、私は少々、不安を覚えはじめていた。なにしろ、このカンファレンスの期間はほんの数日しかない。だから、ミスを犯している暇はいっさいなかった。

午前中のスケジュールには講義がいくつか組み込まれていて、ほかにも異なるテーマのパネルディスカッションが大学のあちこちで開催されていた。だが残念ながら、プログラムのどこをさがしても、講演者としてタッドの名前は挙げられていなかった。こうなったら、本人と話したいというこちらの動機を悟られずに、なんとかしてタッドの居所をさぐりださなければならない。

タッドこそ、自分がさがしているターゲットの物理学者だという自信はあったものの、直接、接触できないことには、彼が適任であるかどうかは判断できなかった。

私の力になりたいという気を起こしてくれるだろうか？　情報を流せるのは自分しかいないと納得してくれるだろうか？　どんなエサをちらつかせれば、情報を流してくれるのだろう？　情報漏洩というリスクを冒す行為と引き換えに、こちらはなにを提供できるだ

ろう？ それに、たとえ引き受けてくれたとしても、こちらの目的を達成できるだけの資質が当人にあるだろうか？

こうした重要な疑問に、私は答えをださなければならなかった。もし、タッドではうまくいきそうにないのであれば、また初めから計画を練り直さなければならない。アナリストたちからの要求事項を満たすほかの候補をさがさなければならないのだ。

講義が終わると、私は出口のほうに歩いていった。だが、そのとき、微妙な変化を感じとった。科学者はおおむね控えめな人たちだったのに、あきらかに周囲の雰囲気が少し変わったのだ。雑談の声が大きくなり、何人かが慌てて荷物をまとめ、部屋からでていく。混乱しているようすはなかった。ただ、期待が高まっているのが感じられ、それは昨夜の懇親会でタッドの周囲で起こっていたざわめきとよく似ていた。

講義室をでると、ほかの参加者たちも外にでて、路上へと歩いていった。私はひとりの大学生らしき女性に、みなさん、どこに向かっているんですかと尋ねた。すると彼女が、カンファレンスの参加者はいつも地元のレストランに昼食をとりにでかけるんですと教えてくれた。そこで私が、残念ながらまだこのあたりで食事をする機会がなくてと言うと、それなら友人と一緒にランチをとるので店まで一緒にどうぞと誘ってくれた。私はありがたく、彼女の好意に甘えることにした。

レストランに着くと、ほかの参加者たちが談笑しながら食事をとっていて、そこにタッドの姿もあった。なおいいことに、タッドはバーのカウンターにひとりで立ち、飲み物を注文する列に並んでいる。おまけに、だれとも会話をしていない。

これは絶好のチャンスだ。

私は混雑した店内を進んでいくと、彼の横に立った。

「ああ、こんにちは。クライヴの友だちでいらっしゃいますよね？　昨夜、ご挨拶させていただいたライアンです」

私がそう言うと、タッドが手を差しだしてきたので、握手をした。だが、それだけではなく、私はそこに左手も重ね、彼の手を両手で軽く握った。とはいえ、あまり強く握らないように気をつけたし、不自然なまでに長くもならないようにした。ただ、私の握手が独特であることを記憶にとどめてほしかったのだ。とにかく、警戒だけはしてほしくない。タッドがにっこりと微笑んだので、こちらの願いどおりにこの握手を受けとめてくれたことがわかった――ささやかな親近感、ちょっとした好意の印として受けとってくれたのだ。

［スパイの裏ワザ］

■ 独特の握手で強い印象を残す

相手に自分のことをすぐに印象づけたいのであれば、ちょっと変わったやり方で握手をするといい。ただし、あくまでもさりげなく、自信に満ちたようすで、気張らずに握手すること。さもないと相手に引かれてしまい、まったくの逆効果を及ぼしかねない。

独特のやり方で握手をすれば、「あなたと親しくしたい」というシグナルを直接、相手に送ることができる。こうした握手がうまくできれば、相手に脅威と思われずに、打ちとけた関係になれそうだと思ってもらえる。

これもまた相手に好感を与える決め手となるのだ。

さて次は、会話をスムーズに始めなければならない。そこで人混みのほうを示しながら、「この店ではいつも、飲み物をもらうのがこんなに大変なんですか?」と尋ねた。

タッドは微笑んだが、それ以上、返事をしようとしない。まずい。なにかほかの話をして、会話の糸口にしなければ。

「ここは本当にいいところですね。それに、みなさん歓迎してくださって。妻や子どもも連れてくればよかったと、後悔しているところです」と、私は言った。

タッドが視線を上げ、ちょっとためらったあと、口をひらいた。

「私はあまり旅をしないんだがね、たしかに、ここはいいところだ」

そう応じると、彼が上半身をこちらに向けた。それと同時に、足先もわずかにこちらに向けた。そして、心からの笑みを浮かべ、「うちの家族も、きっと気に入っただろう」と言った。

よし、これで話のきっかけができたぞ。

「お子さんがいらっしゃるんですか?」と、私は尋ねた。

「娘が15歳、息子が12歳だ。このカンファレンスに参加できるのは光栄なんだが、やっぱり、家族がいないと寂しいね」と、タッドが言った。「家族と離れ離れですごすのはこたえるよ。いつも一緒だから」

ここからまた会話を広げていけそうな気がした。そこで私はこう尋ねた。

「お仕事の関係で、あまり旅行ができないんですか?」

タッドは少し言いにくそうにしたものの、やがてこう説明した。

「というより、旅にでるには、いろいろ手続きが面倒でね。仕事柄、旅にでるのをそう簡単に認めてもらえないんだよ」

この説明は、少しばかり不自然に思えた。おそらくタッドは国外への旅行を制限されているのだろう。どうして旅にでる手続きが面倒なのか？　そのうえ仕事柄、旅にでるのが簡単に認めてもらえないとは、どういうことなのか？　この彼の返答もまた、私がターゲットとしてふさわしい人物と話していることを示すヒントになった。

もっと具体的な情報を聞きだしたいところではあるが、次にこちらが言うセリフには細心の注意を払わなければ。

「はあ、そうなんですか。旅行が簡単に認められないとは、さぞ重要なお仕事をなさっているんでしょうね！　どんな関係のお仕事を？」

すると、タッドが胸の前で腕を組んだ、これはわが身を守ろうとするしぐさだ。

「一介の研究者だよ。もっぱら、素粒子物理学に取り組んでいる」

大当たり！

「それはそれは！　以前から、素粒子物理学には興味がありまして。いつか、また詳しくお話をうかがわせてください」

だが、突っ込んだ質問をするのはここまでだ。このあたりでそろそろ、話題を変えるほうがいい。

「このあたりの観光名所をまわる時間はありそうですか？」と、私は尋ねた。「じつは、どこを見物しようかと、決めかねているんですよ」

するとタッドは、以前、薦められたことがあるという博物館の名前を挙げ、自分がそこに寄る時間があるかどうかはわからないが、と付け加えた。

ようやく、飲み物を注文する番がまわってきたので、なにを飲みますかと、私はタッドに尋ねた。すると、昨夜、薦められて飲んだ地酒がおいしかったので、それを飲むといい、と教えてくれた。そんな酒は彼の故郷にはないという。ぜひ試してみます、と私は言った。すると彼がその酒を2杯、注文した。そこで彼が財布をとりだす前に、私はすばやくカウンターに現金を置いた。ありがとう、とタッドが会釈をした。

そこに、少人数の学生が人混みを押しわけて近づいてきた。タッドと話がしたいのだろう。そこで私は、タッドにチップをだしてくれたことへの礼を言い、さきほどと同じやり方で握手をして、彼の目をまっすぐに見つめてから、その場を離れた。

これはタッドとの会話を終えるうえで完璧なタイミングだった。店内のほかの客に気づかれずに、タッドを独占してすごすわけにはいかないことがよくわかっていたからだ。

■午後8時30分、パーティー会場

昼食後は、ほかの講義を聞きにいった。講義の最後には質問までした。ほかの参加者が私の姿を確実に覚えるようにするためだ。講師にどんな質問をするかは、アメリカの本部チームの力も借りて事前にしっかりと計画を立ててあった。とにかく、それなりの専門知識をもつ正当な参加者であるという印象を与える必要があったのだ。

質問を終えると、ほかの参加者と廊下でしばらくおしゃべりをした。それから目立たないようにホテルの部屋に戻り、記録を残し、夕食のために着替えた。

さて、次の行動について考えなければ。タッドとかわす会話のすべてに慎重を期さなければならない。アメリカ合衆国が切望しているテクノロジーに関してはタッドが第一人者である自信はあるが、彼が有能な協力者としての資質をそなえているかどうかは不明だ。家族がいることがわかったのは、いい足がかりになる。

だが、彼をその気にさせる材料として、ほかになにがあるだろう?

夕食の席では、同じテーブルの人たち全員と会話をした。とはいえ、歓談しながら食事を楽しむ人たちのなかで、私は注意深くタッドを観察していた。それに参加者全員を観察しながら、ほかにもじっくりと話をしたい人物がいないかどうか、一人ひとりを評価した。そして、頭のなかにメモを残した。

タッドと同じテーブルにいる人間はだれか。彼に近づいていった人間はだれか。あたりを不自然にうろついているウェイターはいないか。そのあいだ2度、中座した——洗面所に行くとか、飲み物をとってくるとか言い訳をして。そのたびに、外に停まっている車も記憶にとどめた。疑わしいものはなにもない。

だが私と同じタイミングで、ひとりの女性が立ちあがり、中座するのが見えた。彼女は室内を横切って歩いていったが、そのあいだずっと、私のようすが見える位置にいた。彼女には用心しなければ。タッドを見張るためにここに派遣された可能性は十分にある。

ところがテーブルに戻った彼女は、やはり立ちあがったほかの男性ばかり見ていた。これはいい兆候だ。彼女はこちらに疑いの目を向けているわけじゃない。

会食のあいだ、いくつかスピーチが続き、ついに隣室でデザートとコーヒーが用意された。隣室でも、タッドは大の人気者だった。私はしばらく遠巻きにようすを眺めてから、彼のほうに近づいていった。

「こんばんは。あなたが薦めてくださった地酒、おいしかったですよ！　また機会があれば、1杯、ご馳走させてください」

自分が薦めた酒を私が気に入ったことがわかると、タッドは嬉しそうな顔をした。今夜は長い夜になるだろう。というのも、ほかの参加者が全員、この部屋からでていくのを待つつもりだったからだ。タッドを独占して、どうしても一対一で話さなくては。

ようやく、大半の参加者がホテルに引きあげはじめた。タッドはだいぶ疲れているようだ。そこで私は声のかけ方を考えたうえで、彼に近づいていった。

「お疲れさまでした。どうも私、旅先では寝つきが悪いんですよ」と、私は話しかけた。

すると、自分もそうだと、彼が応じた。

「そうですか。いずれにしろ、しばらく寝られそうにないので、どうです、1杯、ご馳走させてください」

［スパイの裏ワザ］

■ 初めて会う約束をとりつける

こちらに利益をもたらしてくれるはずの人物と初めて会う約束をとりつけたら、すぐに会う日を決めよう。そうすれば、実際に会える確率が高くなる。

だからスパイは気軽な調子で「やあ、いまなにしてます？　ランチをおごらせてくださいよ」「来週の火曜日ならスケジュールが空いてるんで、夕食でもいかがです？　あなたのお気に入りのレストランにお連れしますよ」などと言う。自信をもって誘い、ほどほどのプレッシャーをかければ、相手を説得し、首尾よく次に会う約束をとりつけられる。

ただし、ここで肝心なのは、「初めて会う」、それが目標であるということだ。

いまはまだ、なにかを売り込むタイミングではない。売り込みをかけるのはもっとあとになってからだ。

タッドは迷っているようなそぶりを見せたあと、こう言った。

「そうだな。いいだろう」

そこで私は、これからホテルの部屋にちょっと戻らなければならないんですが、そのホテルのバーがとても雰囲気がいいうえ、静かなんです、と言った。

打ちとけた雰囲気で話をするには理想的な場所だったのだ。そして15分後に、私の宿泊先のホテルのバーで会うことにした。

唯一の懸念は、夕食の席にいた例のブロンド女性だった。彼女が本当に監視しているのなら、すべてが台無しになりかねない。だから私は、彼女を寄せつけない場所を選んだのだ。私の宿泊先のホテルはこぢんまりしていて、バーも狭い。私に悟られずに、彼女がバーに身を潜めるのはまず無理だ。

ありがたいことに、思惑どおりに事は進んだ。15分後、タッドと私は革の安楽椅子に深々と座り、話に花を咲かせた――家族のこと、子どもに期待すること、ヴィンテージの腕時計がふたりとも好きなこと……。午前零時をまわった頃、ようやくおやすみなさいと言い、私たちは別れた。

その晩は、まさに私の計画どおりに万事がうまくいった。バーで親密な話をした結果、タッドが善良な人間であること、カネにつられて情報を漏らすような人間ではないことがよくわかったのである。つまり、彼に秘密を漏洩させるには、彼にとってもっと大きな意味をもつものを引き換え条件として提示しなければならない。

だが、彼の心を動かせるものの正体が、私にはわかったような気がした。タッドは子どもたちに、最高の教育の機会を与えたいと考えている。もちろん、私のことを心から信頼してもらうには、まだ時間がかかるだろう。だが私の頭のなかには、彼にとって、そして彼の家族にとって、とてつもなく魅力的な提案がすでに浮かんでいた。

まずはアメリカ本部に電話をかけ、即座に新たな戦略を練らなければ。

スパイの奥の手「聞きだす技術」

スパイは相手がだれであろうと、話の糸口を見つけて会話を始めるのが得意だ。ライアンのような諜報員は、相手が外交官、CEO、政治家、王子、女王であろうと、はたまた大富豪であろうと、苦もなく会話を始めることができる。話している相手が城に暮らしていようと、自家用飛行機の持ち主であろうと、ベントレーを運転していようと、まったく関係ない。ライアンなら、まるで自分も似たようなライフスタイルを送っているかのように見せ、周囲の人になじむことができるのだ（もちろん、本当はごくふつうの生活をしているのだが）。

だからライアンがタッドに話しかけたときにも、一見、ただ親しみをこめて気軽な会話をしているようにしか見えなかったはずだ。彼はちょっとした世間話をしただけだったし、その内容はいかにも初対面の相手と話すようなたぐいのものだった。

ところが、表面的にはいかにも初対面の相手のことを知ろうとする会話に思えても、じつは計算しつくされた質問を投げかけていたのである。スパイは相手から情報を引きだすことを目的にした会話の進め方について、何時間もかけて訓練を受けている。ライアンがタッドに投げかけた質問のひとつひとつが、実際には慎重に選ばれていたのだ。

ライアンはまるでオーケストラの指揮者のように、相手の話への返答やボディーランゲージを調整し、こちらが望んでいる返答を引きだそうとした。その第一目標は、そのものずばりの質問を投げかけずに、さりげなくタッドから情報を引きだすことにあった。その結果、ライアンはいっさい疑われることなく、また相手をおびえさせることもなく、望んでいた情報を聞きだすことに成功したのである。

CIAの諜報員の訓練を受けた者ならだれでも、**情報を聞きだす技術こそ真の「芸」**だと言うだろう。私の同僚のアンソニーは訓練中、自分からどんどん情報が引きだされていくことに仰天したそうだ。

「訓練を受けているあいだ、自分はだれよりもこの技に秀でていると思い込んでいたことは忘れられない——自分からはいっさい情報を引きだせるはずなどないと決めつけていたんだ。そうしたら、ある日、自分が訓練を受けている動画を観せられてね。いや、目を疑ったよ。いとも簡単に次から次へと情報を引きだされていたんだから。もう、笑うしかなかった。たしかに恥はかいたが、同時に大切なことを学んだよ。情報を聞きだす技術を活用すれば、とてつもない見返りが得られるってことをね」

人間というものはたいてい「相手の役に立ちたい」「親切にしたい」と思っている。ゆえに、この技術が功を奏するのだ。なにか質問をされたとき、「答えたくない」と拒否したくはないと思うのが人間の性《さが》なのだ——とりわけ、それがたわいのない質問に思えた場合は。

実際のところ、私たちは日常生活で、この「聞きだす技術」をちょくちょく利用している。あなたにもこれまで、素敵なプレゼントを贈って人を驚かせたいと思ったことがあるかもしれない。そんなときは、本当に欲しい物をさぐろうと、遠まわしにあれこれ質問をしてみたはずだ。この場合も、あなたは「聞きだす技術」を活用している。この技術を利用する戦略を立てれば、ビジネスの世界でも莫大な資産を生みだすことができる。

あなたがセールスパーソンや起業家であれば、見込み客や潜在顧客とつながりをつくるために膨大な時間を費やしていると感じているかもしれない。接待の食事やゴルフに貴重な時間（とカネ）を費やしているかもしれないし、そのほかにもフォローアップのメール、SNSへの投稿、電話での売り込み、飛び込み営業といった努力を重ねているかもしれない。ところが、どんなに時間と労力をかけたところで、なんの成果もあげられないこともある。いっさい注文を得られなかったり、取引が成立しなかったりして終わるのだ。

そのいっぽうで、スパイのちょっとした裏ワザを活用すれば、商品を買う気がいっさいない見込み客をリストから消去できる。そのためには、相手から適切な情報を引きだし、その人物が顧客になってくれるかどうかを判断しなければならない。

▼情報を引きだす相手を見きわめる

スパイの世界では、協力者の選定を誤る余裕はない。無能なターゲットに向かって労力を費やしていたら、作戦全体が頓挫してしまう。だからスパイは、それとは気づかれずに、相手からさまざまな情報を引きだす訓練を受けている。スパイはその人物を評価し、カギを握る情報を少しばかり引きだして、その相手と人間関係を築くだけの価値があるかどうかを見きわめるのだ。

もちろん、ターゲットと信頼関係を育む段階でもこの技術を活用するが、相手を評価する段階でもすでに活用している。

さまざまなテクニックを駆使して、相手に話をさせるのだ。

効果が実証されている方策をいくつか紹介しよう。

お世辞を言う

定番のやり方のように思えるかもしれないが、スパイの世界において、お世辞は想像を超える威力を発揮する。スパイは、相手をいい気分にさせる一流の腕の持ち主だ。そのうえ、いかにもゴマをすっているようには感じさせない。そしてその結果、相手から貴重な情報を引きだしてしまうのだ。

例「御社にとって、あなたの専門知識はさぞ大変な戦力であることでしょう。だからこそあなたは御社の代表として、このカンファレンスに出席なさっているのですから。業界トップの実力の持ち主とお見受けしました」

こんなふうに言えば、相手は勤務先での自分の肩書を明かしたり、どんな専門知識をもっているのか説明したりするかもしれない。いま取り組んでいるプロジェクトに関する情報を漏らす可能性もある。

双方が関心をもっている話をする

初対面の相手に打ちとけてもらいたければ、自分と相手、双方が関心をもっている話題を見つけよう。自分の関心事にあなたも造詣が深いとわかったとたん、相手が次から次へと話を始め、あなたはきっと驚くはずだ。

例「おっしゃるとおりです。ホームセキュリティのテクノロジーの進歩には、目を見張るものがありますね」

こんなふうに発言すれば、あなたが同じ業界で仕事をしているというシグナルを送れる。すると相手は、この話題についてあなたと話をしても大丈夫だという気になる。この話題にあなたが通じているという印象をもったからだ。すると、実際にはあなたが情報を聞きだしているにもかかわらず、あなたが知らないことを自分がうかうか話していることに、相手はまったく気づかない。

質問で会話を始める

これはシンプルなテクニックで、もっと詳しい話を聞きだすための土台となる。この手法がうまくいくのは、会話の中心に自分がいるといい気分になる人が多いからだ。

例「これまでずっと、いまのエンジニアリング会社にお勤めだったんですか?」

この質問がきっかけになり、相手は自分の職歴に関する情報を教えてくれるだろう。その結果、以前はべつの会社に長年勤務していたことがわかれば、もっと突っ込んだ質問をする扉がひらく。その会社のどんなところがお好きだったんですか、いまの会社を辞めて転職しようと思ったことはおありですか、といった具合に。

無知なふりをする

人間は生来、「人の役に立ちたい」という気持ちをもっている。だから質問をしてきた人に情報を教えてあげれば、いい気分になる。

例「データベースの作成に関しては、まったくの素人《しろうと》なんです。全体の流れをしっかりと把握するには、手始めに、なにをすればいいんでしょう？」

なにかの事柄に関して自分がまったくの無知であることを告白すれば、十中八九、相手は喜んであなたを指導してくれる。「なにも知らないのでお力を拝借したい」と頼めば、こちらが必要としている情報をすべて教えてもらえることさえある。

砂時計会話術──マクロからミクロへ

ライアンのストーリーを読み込めば、じつに興味深い点に気づくはずだ。**タッドから有**

益な情報を少し引きだすたびに、ライアンは話題を変えていたのである。そんな真似をすれば逆効果のような気もするだろうが、実際のところ、これはスパイが「マクロからミクロへ」と呼ぶプロセスの一部で、「**砂時計会話術**」と呼ばれている。

まずは、ごくふつうの世間話で会話を始め、それから少しずつ特定の話題へと絞り込んでいき、また世間話に戻すのだ。すると「ずいぶん詮索《せんさく》してくるな」と相手を警戒させずに、重大な情報をすばやく引きだすことができる。

たとえば、会話の冒頭では相手の子どもについて尋ね、それから相手の仕事（あなたが望んでいる情報）へと話題を変える。それからまた休暇や好きな食べ物など、世間話に戻すのだ。**人は会話の最初と最後の話題を覚えているものだ――しかし、どういうわけか、そのあいだの会話はあまり覚えていない。**

そこでスパイは、**会話の真ん中あたりで、さぐりを入れる質問を投げかける。**そしていっさい疑念をもたれずに、ターゲットから望みの情報を引きだすのだ。

ビジネスの世界でこの手法を利用すれば、あなたの会社の製品に相手がどれほど関心をもっているか、相手が必要としているものはなにか、製品を買う気にさせているのはなにかをさぐれるだけでなく、ライバル社の製品を利用する可能性があるかどうかも判断できる。

ビジネスマンのみなさんもこの手法を活用すれば、見込みがある客がどうかを判断できるようになる。ただし、気をつけてもらいたいのは、**自分の利益ばかり考えて質問を並べていると、作戦が失敗に終わる**ことだ。たとえば同僚に情報を提供してもらいたいのなら、あなたもなにかお返しをしなければならない。

少し練習を重ねれば、砂時計会話術を簡単に実行し、本当に客になってくれる相手を見わける際に時間や労力を節約できるようになるはずだ。

ライアンの場合は、周囲の人間が評価するだけの専門知識をタッドがまちがいなくもっているかどうかを見きわめなければならなかった。そのためには、タッドの研究について深い部分まで把握している必要はなかったが、タッドが協力者としての条件を満たす人物かどうかは判断しなければならなかった。さらには、なにをニンジンにすればタッドが協力者になる腹を決めるのかをさぐらなければならなかったし、彼が信頼できる人物であるかどうかも検討しなければならなかった。

とはいえ、「あなたのお仕事について詳しく教えてください。あなたの研究には世界を変えるほどの影響力があるんでしょうか？　国際安全保障の現状を揺るがしかねないテクノロジーが関わっているんでしょうか？　それに、選べるとしたら、あなたはもっとカネが欲しいですか？　それとも銃で身の安全をはかりたいですか？」などと、露骨な質問をするわけにはいかなかった。

ビジネスの世界でたとえるならば、あるイベントで会ったばかりの相手に、「おたくと親しくなるのに多大な時間とカネをつぎ込む前に、さっさと教えてほしいんですがね、わが社の製品をどのくらい買うつもりがあるんです？」などと、身も蓋もない質問ができないのと同じだ。たしかに斬新な質問ではあるが、社交の場で許される言い方ではない。

ライアンがタッドから少しずつ情報を引きだすために利用したテクニックを活用すれば、相手がこちらとの取引に前向きであるかどうかをさぐれるだろう。

ステップ① ターゲットの情報を集める

自分がどんな情報をさぐろうとしているのかがわからなければ、このテクニックを活用したところで、なんの役にも立たない。スパイは、ターゲットに関する情報を下調べする宿題をかならずすませておく。出たとこ勝負、ぶっつけ本番で臨むことなどないのだ。最高の成果をあげるためには、行動を起こす前にできるだけ情報を収集し、武装しておく必要がある。

ライアンの場合は、次のような点を判断したいと考えていた。

・この人は適切な専門知識をもっているのか。
・どんなニンジンをぶら下げれば、この人は行動を起こすのか。こちらがそのニンジンをぶら下げることはできるのか。
・どんな性格か。一緒に仕事をしたいと心から思える人物か。

ステップ② あたりさわりのない質問をする

タッドと直接会話をするチャンスを得たとき、ライアンはまずたわいのない会話から始めた。このじつにシンプルな一対一の世間話を土台にしたからこそ、相手から少しばかり情報を引きだすという目標を達成することができたのだ。

ここで肝心なのは、**相手の激しい感情を引き起こしたり、深い信念に関わる話題をもちだしたり、不快感を与えたりする会話はぜったいに避ける**こと。政治や時事問題に関する話題も避けるべきだ。あなたの目標は、とりあえず共通の話題をさがして、そこから話題を発展させていくことなのだから。

ライアンの場合は、タッドの家族に関する話題を選んだ。それからまた世間話へと話題を切り替えたのである。
「ここは本当にいいところですね。それに、みなさん歓迎してくださって。妻や子どもも連れてくればよかったと、後悔しているところです」

相手を刺激しない、あたりさわりのない世間話をすれば、あなたは攻撃的な印象を与えずにすむ。とにかく気楽に話せて、居心地よく感じられる話題を選ぼう。

害のない世間話の例として、次のようなものが挙げられる。

- 「この会議／イベント／ミーティングに参加するのは、初めてなんです」
- 「出張はあまり好きではないのですが、ここは本当にいいところですね」
- 「想像していたよりも、こちらはずっと寒い／暑いです」
- 「先生がたのお話は、どれもじつに勉強になりました」
- 「こちらのカンファレンスは、運営がうまくいっていますね」
- 「うちの娘はいま、自転車の乗り方を覚えているところなんですよ」
- 「このあたりのスキー場はすばらしいでしょうね」
- 「夜のこの時間は、たいてい犬の散歩にでていましてね」

▼注意深く観察し、変化を見逃さない

ライアンが「ここは本当にいいところですね。妻や子どもも連れてくればよかったと、後悔しているところです」と言ったところ、タッドは「うちの家族もきっと気に入っただろう」と応じた。こうしてライアンは、タッドが結婚しているという情報を首尾よく引きだすことに成功した。また、その後もありふれた質問を重ねた結果、タッドには子どもがいるという情報も獲得した。

その結果、ふたりの共通点が「家族」であることがわかったのだ。

ライアンはまた注意深く観察を続け、タッドのしぐさや姿勢の変化も見逃さなかった。家族の話をするときはとても嬉しそうだったし、幸せそうだったのだ。足先をライアンのほうに向け、胸のあたりの緊張をとき、心からの笑みを浮かべたのである。ライアンはこうした情報をすべて利用して、のちにタッドから望みの情報を引きだすことができた。

▼最初に着目すべき4つの指標

当然のことながら、ライアンのようなスパイは何年もの歳月をかけて直観に磨きをかける。時間をかけて練習を重ねれば、直観を養うことができるのだ。

だがビジネスの場で直観を発揮するのは、最初のうちはとても無理だと感じられるかも

しれない。

このスキルに磨きをかけるには、まず、相手が心から望んでいることを把握するといい。ビジネスやサービスを客に売り込むことで頭がいっぱいになってしまうと、つい、相手が本当に必要としているものや求めているものについて考えるのをやめてしまう。

まずは、次の４点に集中して考えよう。

1. 価格——他社よりも安い価格で製品を提供できるか。他社と同じサービスを、もっと低価格で提供できるか。
2. スピード——サービスをもっと早く提供できるか。発注からサービス提供までにかかる時間は、先方が現在利用している業者より短いか。
3. 顧客サービス——先方は現行のサービスに不満をもっているのか。自分の会社はもっと上質で、もっとスピーディーで、もっと信頼の置ける顧客サービスを提供できるのか。
4. 保証／補償——万が一、不具合があった場合には十分な保証を用意するほど、自社製品に自信をもっているか。また、実際にどんな保証を用意しているのか。

こうした4つの指標のほかにも、着目すべき点はある。たとえばあなたが、あるメーカーの製造部門のトップと話している最中に「生産ラインに問題があり、納期が遅れているせいで、ストレスがたまっている」と言われたとしよう。この場合は、相手からその問題に関する情報をさらに引きだし、あなたに解決策が提示できるかどうか検討しよう。

あるいは、顧客サービスにむらがあるせいでクライアントが他社に流れているという話を耳にしたら、またとないチャンスだ。自社ならその問題をどう解決するかを説明し、売り込もう。

ＣＩＡの諜報員たちが次なる協力者の候補をさがす際に詳細な下調べを欠かさないように、私は取引先が本当に必要としているものや望んでいるものを聞きだそうと、つねにさぐりを入れている。そして、取引先がまさに望んでいる製品やサービスをどうすれば提供できるのか、検討している。

ビジネスの場では、とにかく相手の話に注意深く耳を傾け、情報を引きだそう。**会話の最中に、相手がどんなしぐさをして、どんな姿勢をとるかにも注意しよう。**相手がポジティブなボディーランゲージを示していれば、ここではもっと押すほうがいいとわかる。反対に、そうしたボディーランゲージが見られなければ、あまり無理強いせずに引くほうがいいとわかる。

ポジティブなボディーランゲージの特徴

・リラックスした、居心地のよさそうな姿勢
・顔をあなたのほうに向けている、足先もあなたのほうに向けている
・わずかにあなたのほうに身を乗りだす
・話の最中に、手振りをまじえる
・アイコンタクトを続ける
・肯定するようにうなずく
・笑い声をあげる
・しっかりと力のこもった握手（強すぎることはない）

ステップ③ 踏み込んだ質問をする

ライアンはタッドと世間話を始め、いったん気持ちよく話ができるようになると、こんどは話題の幅を狭めた。そして、そろそろ、もっと本人に関わる質問をするタイミングだと判断し、「お仕事の関係で、あまり旅行ができないんですか？」と尋ねた。タッドがどんな仕事をしていて、なぜ旅行が認められないのかをさぐりたかったのだ。

だが初対面の人間に突然、これほどプライバシーに関わる質問をするのはふつうではな

い。実際、相手が本国では貴重な専門知識をもつ科学者で、それゆえ、自由に旅行することも認められていないのであれば、こんな質問をすれば警戒されるおそれもある。
とはいえ、ここで肝要なのは、会話におけるいわば「ドミノ」をちょっと押してみることだ。もしかすると、この質問がきっかけとなって次から次へと情報が得られるかもしれないのだから。

なぜ自由に旅行ができないのかという質問をライアンが投げかけると、タッドのボディーランゲージはふたたび変化を見せた。それまでは嬉しそうにこちらを向いていたのに、胸の前で腕を組んだのである。そのため、タッドがあまり旅行にでかけない理由について具体的な情報は得られなかったものの、彼の行動にはなんらかの制限がかけられていると察することができた。

ネガティブなボディーランゲージの特徴

- 目をあわせようとしない
- 地面や床を見ている
- 不自然なつくり笑いを浮かべている

・足先をこちらではなく、出口に向けている
・貧乏ゆすりをしたり、足でコツコツと音を立てたりしている
・腕時計に視線を落とす
・頻繁にまばたきをする
・胸の前で腕を組んでいる

ステップ④ また世間話に戻す

旅の話題になったとたんにタッドが不快感を示したのがわかると、ライアンはすぐに話題を変え、また世間話へと戻した。ふたりはカウンターで順番を待っていたので、ライアンは自然に話題を変え、さしさわりのない話に戻すことができた。そして地酒について短い会話をすると、ライアンが代金を支払い、前回と同じやり方でタッドと握手をした。そして、すぐにその場を去り、タッドが学生たちと話せるようにした。

ライアンがふいに話題を変えたのは、慎重に考えたうえでのことだった。というのも、人間は会話の最初と最後にのぼった話題は覚えているのだが、その途中になにを話したかはあまり覚えていないからだ。つまり、タッドは自分の家族について話したときのあたたかい会話をぼんやりと覚えているだけだろうし、ライアンに関しては気持ちよく会話をし

たという印象しかもたないだろう。旅行に関する話題がでたときには少し不快感を覚えたとしても、そのことはすっかり忘れてしまうだろう。

よってライアンはタッドが協力者として適任であるかどうかを評価できるようになるまで、このあとも同様のプロセスを繰り返すことになる。

［スパイの裏ワザ］

■「キャッシュが王様」。頼りになるのは現金。スパイはかならず現金で勘定をすませる。

昨今では、何日も、場合によっては何週間も、硬貨や紙幣にいっさい触れずにすごす人もめずらしくない。だれもがデビットカードやクレジットカードを利用する時代になったのだ——おまけに、スマホ決済も当たり前になった。だが諜報員はまず、そんな手段はとらない。いまでも私はできるだけ現金で支払っているし、財布に現金をいれずに家をでようなどとは考えたこともない。スパイはけっしてデビットカードやクレジットカードに頼らない。スパイはかならず現金をもっている。あなたもそうすべきだ。

第一に、手元に20ドル札が1枚（あるいは2、3枚）あれば、予想していなかった事態におちいっても、そこから抜けだせる。諜報の世界では、レストランのオーナーに何枚か紙幣を握らせれば、あなたを尾行している相手に悟られることなく、キッチンの裏口からこつそりと外にでられる。

スパイが現金を携行するもっとも重要な理由は、協力者候補の相手にぜったい勘定を支払わせないためだ。そして、どれほどその勘定が高くても、かならず現金で支払う。スパイがテーブルにクレジットカードを置く現場を目撃した人間はいないはずだ。どれほどテクノロジーが進歩しようと、現金払いは象徴的なジェスチャーとなる。あなたが現金をたっぷりもっていて、カネに糸目をつけないことを相手に示すのだ。そのうえ相手は、あなたに借りができたような気分になる。勘定を支払うというそれだけの状況でも、スパイは人間の本質的な性質を利用するのだ。相手が勘定を払ってくれれば、たいていの人間はありがたく思う。そして、たとえ本人の懐に余裕がなく、ふさわしい礼ができないとしても、違うかたちでお返しをしたいと思うのだ。

こうしてスパイは「お返し」というかたちで、望みの情報を入手する。あるいはお礼のかわりに、狙っていた重要人物に紹介してもらうこともある。ビジネスの世界では、お返しに情報を提供されることもあれば、コネを利用させてもらうこともある。あるいは相手に「あとで必要になるはずの情報をいつか提供しなければ」という負い目を感じさせることもできるのだ。

大富豪の心をつかんだ「砂時計会話術」の活用例

数年前、私は富裕層が集まるイベントに参加した。すると、ある大富豪のビジネスマンが出席しているという噂を耳にした。その男性（あなたの想像を超えるほどの大富豪だ）が殺害の脅迫を受けていたという話を、私は知っていた。そこで私はこう考えた。彼に身の安全を提供する人物として、自分ほど完璧なビジネスマンはいない、と。

それに、その大富豪が身辺警護をしてほしい、あるいは護身術などを教えてほしいという理由で私を雇ってくれれば、もっと利益のあがる仕事を獲得できる可能性もある。

とはいえ、突然、彼のほうにツカツカと歩いていって、「私はセキュリティの専門家です。私ほど優秀な人材はいません。ぜひ雇ってください」などと言えるはずもない。それどころか、会場にいる参加者のだれもが、彼と話をしたくてウズウズしているようだった。そこで私は、彼のほうには近づきもしないことにした。そのかわりに、私は彼の恋人に話しかけることにした。するとその女性は結局、私がターゲットに接近するための仲介役をはたしてくれることになったのである。

私は彼女に話しかけたあと、まず、**あたりさわりのない世間話をした**。料理の話を終えると、どうしてこのイベントに参加したのかという理由を、お互いに説明しあった。しばらくして、彼女が気を許したのがわかると、私は**少しずつ話題の幅を狭めて、セキュリティの話にもっていった。**そして、自分はセキュリティ会社を経営しているんですが、富裕層の人たちはじつにさまざまな脅威にさらされていますよね、と言った。彼女は私のことを信用したのだろう、じつは彼の身の安全が心配なんです、と打ち明けはじめた。身辺にもっと気をつけたほうがいいといくら助言しても、彼は耳を貸そうとしないという。

「彼には真剣に対策を講じる気がないみたいだから、私がなにか手を打とうかと思っていたところなんです」と、彼女は言った。**この宝ともいえる情報を聞きだすと、私はまた世間話へと話題を変えた。**そしてお互いの趣味についてしばらくおしゃべりしたあと、お目にかかれてよかったですと礼を言い、その場を去った。だがもちろん、後日、彼女に連絡をいれるつもりだった。そして、2日後に電話をかけた。

彼女は私と話したことを覚えていて、電話をくださってありがとうと言ってくれた。そして最終的に、わが社に仕事を依頼してくれた。その結果、私は大富豪本人と、彼の会社の役員全員に護身術のトレーニングをすることになったのである。

こうして砂時計会話術は、すばらしい成果をあげた。大富豪の恋人が私を雇ったのは、彼女が不安に感じていた問題について、私が安心感を与えたからだ。私は無理強いしなかったし、あれこれ詮索することもなかった。彼女自身もしょっちゅう売り込みを受けていて、恋人の大富豪に投資してもらいたい、製品を買ってほしいと言われつづけていることがわかっていたからだ。そこで私は彼女自身に共感を示し、気づかいを見せたのである。

この体験談から得られるもうひとつの教訓。

だれが取引を左右する地位にいて、実際に取引を成立させる権限をもっているのか、よく見きわめることが肝心だ。

「強み」と「弱み」を自覚し判断する

有能なスパイは訓練を通じて相手がだれであろうと話しかけられるようになるが、自分の「強み」と「弱み」を正確に把握する訓練までは受けていない。

だが、スパイとして生き延びるには、自分の弱み、すなわちトラブルを起こしやすい短所を明確に把握し、自覚する必要がある。

私の同僚のジェームズは、長年、秘密工作に関わってきた（すべてのミッションのなかで最高機密とされる作戦を担当する者がいるのだ）。そのため、訓練プログラムを無事に終えるまでには、演習で想像を絶するほど困難な課題をクリアしなければならないこともあった。ある演習では、とある郊外のショッピングモールに行き、そこできわめて短時間でだれかを説得し、社会保障番号かキャッシュカードの暗証番号を聞きだせという課題をだされた。

演習中は上官に厳しく監視されているため、次のような手段に頼ることはできなかった。

(a)「番号を教えないと痛い目にあうぞ」と相手を脅す

(b)「自分は訓練中で、とんでもない課題をだされたので番号を教えてください」と頼む

こうした手段を用いずに、CIAで教えられたあらゆるトリックを駆使して、どうにかして番号を聞きださなければならないのだ。そこでジェームズは必死で頭を回転させ、その方法をすばやく考えだした。

そして、レジを担当しているひとりの中年女性に目をつけた。

レジに列がなくなり、周囲に客の姿がなくなった頃合いを見はからい、ジェームズは彼女のほうに近づいていった。彼は商品をレジのカウンターに置き、これは妻へのプレゼントなんですよ、と説明した。そして、妻には感謝しているんですと言い、このプレゼントを気に入ってくれればいいんだが、と付け加えた。するとレジ係の女性が商品をレジに通し、「63ドル23セント、頂戴します」と言った。

そこでジェームズは驚いたように声をあげた。

「本当に？　いや、すごい偶然だな！　僕の社会保障番号の末尾4桁と同じだとは！　こんなこともあるんだなあ。なにしろ、この番号は覚えにくくて、父が亡くなったのが63、妻と出会ったのが23というふうに、無理やり頭に入れるしかなかったんだよ」

こんな情報を伝えれば、相手もお返しをしたいと思うものだ。そこで彼女は、自分がどうやって社会保障番号を暗記したかを教えてくれた。こうしてジェームズは目当ての情報を聞きだし、めでたく課題をクリアしたというわけだ。

ジェームズはこの演習の早い段階から、こうした情報を聞きだす相手は中年の女性がいいだろうと分析していた。もっと若い女性に声をかけていたら、失敗に終わっていただろう。同年配の男性の場合は？　成功する確率はもっと低くなり、無駄骨に終わっていただろう。

このシナリオではどんな人物に狙いを定めれば作戦がうまくいくのかを分析したからこそ、ジェームズは思惑どおりに作戦を遂行できることができた。見栄を張って自分と同年配の30歳前後の男性から情報を引きだそうとして、貴重な時間をムダにするような真似はしなかったのだ。

スパイの世界に足を踏みいれたあと、早い段階で学ぶ教訓のひとつは、「自分は万能ではない」ということだ。たとえばターゲットとして狙いを定めている相手が麻薬王である場合、その麻薬王本人と気楽につきあえる能力がなければ、あなたは殺されてしまうかもしれない。そんな社交性は自分にはないと判断したら、自分のエゴはひとまず脇に置き、ミッション達成のために適材をさがし、その人材に麻薬王に近づいてもらわなければならない。

それはビジネスでも同様だ。あなたが自分の強みを発揮できないからといって、ビジネスチャンスを潰すわけにはいかない。テレビで観るスパイたちはなんだってできる。だがビジネスの世界でも諜報の世界でも、**本物の勇気とは、だれに主導させるべきかを的確に判断する能力から生まれる**のだ。

［スパイの裏ワザ］

■ 何者かがあなたの勤め先の秘密情報を聞きだそうとしたら、どう対処する？

何者かの支配下になど置かれたくない。相手に情報を知らせるのはそれが適切だと感じたときだけにしたい。そう考えている方に対し、スパイなら「自分から行動を起こせ」と言うだろう。

もし、何者かがあなたから情報を引きだそうとしたら、次に挙げる簡単な行動を起こし、自分には脈がないことをそれとなく伝えよう。

・話題を変える。話題を変えたいときに利用できるトピックを考えておこう。車、ゴルフ、お薦めのレストランなど、話題はなんでもいい。
・答えたくない質問をされたら、あいまいな返事をする。
・質問に対する答えがわからないようなふりをする。
・礼儀正しく言い訳をして、その場の会話から外れる。
・近くにいるほかの人を会話に引きいれる。
・自分の仕事に関してアピールしたいことをいくつか考えておき、必要に応じてその話を披露する。答えたくない質問から話をそらしたいときこそ、こうした話を披露する絶好のチャンスだ。

第3章

人間関係を築く
——戦略的協力関係のパワー

ターゲットと一歩踏み込んだ関係になる

■ライアンのストーリー「パート3」——3カ月後、ロシア、モスクワ

この頃には、喉から手がでるほどタッドが欲しがっているものの正体が、ほぼ把握できていた。それをちらつかせれば、「あなたが取り組んでいる研究に関する情報をこちらに教えてほしい」と切りだし、タッドを説得できると思われた。

だが、そのためには、タッドに私のことをもっと信用してもらう必要があった。

カンファレンスで知り合いになったあと、私はしっかりとタッドと連絡をとりつづけた。メールでのやりとりでは、あたりさわりのない世間話しかしなかったが、かならず、本人から直接聞いた話に触れるようにした。

まずは、ヴィンテージの腕時計に関する話題をとりあげることにした。ホテルで話していたときに、彼が腕時計を着けていることに気づいたのだ。もちろん、ロレックスといった高級品ではなかったが、ほどよく使い古されていて、いい味わいがある。そこで私は、その腕時計の特徴をできるだけ細かく頭に叩き込んだ。その後、CIA本部の偽装工作担当官にそうした特徴を伝えたところ、それはモバードというブランドの腕時計で、日、月、曜日を表示するトリプルカレンダー機能がついていて、おそらくはステンレススチール製だという返答があった。さらに1940年代の製品らしきこともわかった。

ということは、タッドがその腕時計を家族から譲り受けたのか、精巧なつくりのヴィンテージ腕時計に本人が興味をもっているかのどちらかだ。なにしろ地元のデパートで購入できるようなたぐいの腕時計ではないのだから。そこで私はヴィンテージの腕時計について勉強することにした。そうすれば、恰好の話題になるかもしれない——ふたりのあいだの架け橋となる可能性もある。

そこで、あるときメールで、ヴィンテージのティファニーの腕時計の話題をだしてみた。アール・デコ時代の腕時計を購入しようかと、いま検討しているんですよと伝えたのだ。この頃には私自身、腕時計の製法に本気で興味をもちはじめていて、タッドから変わった製法を教えてもらうと、その話に飛びつくようになっていた。このティファニーのヴインテージと同じ製法の腕時計をおもちですかと尋ねたところ、自分のコレクションには似たタイプの物はないが、その一品はぜひ買うべきだとアドバイスしてくれた。

また私は、ほかの話題もとりあげて、彼のお子さんたちのようすを尋ねた。そして、うちの長男がそろそろ大学進学について考えはじめているんです、と伝えた。この時点では、タッドに警戒心をもたれるような話題にはけっして触れないようにした。彼の研究に関する話題は立ち入り禁止としたのだ。メールが第三者に読まれているともかぎらない。

こうして、たわいもないメールのやりとりを数カ月続けたあと、そろそろ計画の次の段階に進むべき頃合いだと判断した。

そこでタッドに、じつは出張で2週間後にモスクワを訪れる予定なんですが、よければ夕食をご一緒させていただけませんかと都合を尋ねた。なにしろモスクワには知り合いがだれもいないので、地元の方と一緒に食事できればありがたいのですと、理由も伝えた。そして「食事代は経費で落とせますからご安心ください」と伝えるのも忘れなかった。

するとタッドから、ぜひご一緒させてくださいという返信があった。私たちは相談して日にちを決め、またお目にかかれるのを楽しみにしていますと伝えた。

さて、タッドは知るよしもなかったが、私がモスクワに到着したのは、ふたりで会うことになっていた日の数日前だった。滞在先のホテルの部屋のセキュリティが万全であることを自分の目で確認したかったし、食事をする予定になっているレストランの下調べもしておきたかったからだ。

そこは友人から推薦してもらった老舗レストランだった。観光客がいかにも行きたがるような店だから、疑われるようなことはまずないと言われていたのだ。そして実際にレストランに入ってみると、店内は広く、混雑していたので、目立たずにすごすことができた。そしてなにより、料金がきわめて高価だった。こうした高級店で食事をする余裕がないタッドは、おそらく、このチャンスに飛びつくだろう。

私は店内のテーブル配置を確認し、周囲から身を隠している印象を与えずにプライバシーを守れる席を選んだ。よし、あのテーブルで食事ができるように、レストランの支配人にいくらか袖の下を渡しておこう。店の条件すべてが申し分のないように思えた。

ついに当日の夜になると、私はタッドを迎えられるよう、だいぶ早めに店に到着した。そして彼が店内に入ってくると、私は立ちあがり、例の一風変わったやり方で握手をした。そろそろ彼との信頼関係をいっそう深める頃合いだと判断していたのだ。

慣れない高級店で落ち着かないのだろう、タッドは座ったまま居心地悪そうにもぞもぞしている。そこで私はわざと姿勢を崩し、彼の緊張をほどこうとした。そして指先でテーブルをトントンと叩きながら、最近、いかがおすごしでしたかと尋ねた。するとタッドは天候や子どもの話を始め、見るからにリラックスしはじめた。

やがて、なんのためらいもなく私の目をまっすぐに見ると、もっと私と近づきたいというように、わずかに身を乗りだした。私もそうした彼のしぐさを真似て、やはりくつろいだ態度を見せた。

彼はリラックスするにつれ、声が少し大きくなり、話すペースもゆったりとしてきた。この変化を記憶にとどめ、私もゆっくりと話すことを心がけた——あくまでも、ほんの少しではあるが。彼の真似をしていることを悟られてはならない。

料理の注文をすませると、子どもたちの話を続けた。私はティーンエイジャーの子どもを育てる苦労について話しながらも、わが子には一流大学に進学する機会をもたせたいと、何度か強調するのを忘れなかった。でも、そのためには高額の教育費がかかるのが心配だとも伝えた。そして、子どもの将来は教育にかかっていると思います、と明言した。

タッドはうなずいたものの、そのようすが一変した。子どもの将来について考えると心配でならないというように、深々とため息をついたのだ。

そして「必須」という言葉を使い、こう語った。

「子どもにとって、大学で教育を受けるチャンスは必須だ。きみの心配はよくわかるよ」

その後は手の込んだ料理を楽しみながら、しばらく雑談を続けた。お互いの趣味についても少し話をした。ところがヴィンテージの腕時計のコレクションの話題をだしても、彼はとくに目を輝かせなかった。私はガレージセールでオメガのスピードマスターを格安で買った話までした（実際はCIA本部の偽装工作担当官が掘りだしてきたのだが）。

その腕時計は某宇宙飛行士が月面歩行で身に着けていた物と同じタイプだったが、その話をもちだしても、タッドはあまり反応しなかった。

そこで私はべつのアプローチを試すことにした。食事を終え、テーブルから皿が片付けられ、デザートを注文したあと、こう言ったのだ。

「ああ！　そうそう！　あなたに例の腕時計を見ていただこうと思っていたんです」

そう言うと、私は袖をまくり、美しいデザインではあるものの、いかにも使い古した腕時計を見せた。そしてタッドが口をひらく前に、さっと腕時計を外し、彼の手に握らせた。腕時計の重みを感じると、タッドの顔がわずかに輝くのがわかった。そしてあまり言葉を発することなく、しみじみと腕時計を眺めはじめた――ブレスレットの重みを感じ、文字盤を親指でなぞる。そして腕時計を高く掲げたときには、表情が一変していた。

まるでしばらく別世界にいたように。

そして口をひらきかけたが、私が機先を制した。

「うっかり忘れるところでした。あなたに、ささやかなプレゼントです!」

そう言うと、上着のポケットからビロードの小袋をとりだし、タッドに渡した。

「そろそろ、腕時計のストラップを交換しなければとおっしゃっていましたよね。これがおさがしのものかどうかわかりませんが、ネットショップでたまたま見かけたもので。もしかすると、あなたの腕時計にあうんじゃないかと思ったんです」

タッドは小袋のなかをのぞきこむと、身を乗りだし、私の腕を軽く叩いた。

「そうだ、信じられない——まさにこれが欲しかったんだよ!」

私は笑った。「ああ、よかった。そううかがって、嬉しいです。アメリカでは腕時計のパーツがたくさん売られていますから。コレクター仲間のお役に立ててなによりです」

実際のところ、そのストラップは入手困難で、ほとんど市場にでまわっていなかったのだが、CIA本部の偽装工作担当官が見事な手腕を発揮して、さがしあててくれたのだ。だがタッドにはそんな裏話を知らせる必要はない。

デザートが運ばれてくると、私たちは旧友のように親密な雰囲気で、甘いものをたいらげた。これでタッドとの信頼関係は深まった——以前より親しくなったし、信頼も獲得できたはずだ。それに私と一緒にいるあいだ、彼は以前よりもずっとくつろいでいる。

このまま彼との信頼関係を深めていき、こちらの正体を明かしても大丈夫だというタイミングを見はからおう。早くそうなるに越したことはないが、無理強いしてはならないこともよくわかっていた。

「コネ」ではなく「協力関係」を築く

お薦めのレストランから医療情報まで、なんらかの情報が欲しいときには、ちょっとクリックすればすむ時代になった。旅行に関する情報や、あなたのお子さんにぴったりの家庭教師に関する情報を見つけたいのであれば、ネットに頼ればそれでいいのかもしれない。私たちはさまざまな情報にアクセスできるし、情報はいたるところにある。

それでも、「いいコネ」を重視する風潮はいまなお強く、「**人間は情報と同様、アクセス可能**」であると考える人は少ない。

たとえば、だれかが成功したとしても、それは「コネのおかげ」であるとか、「派閥に恵まれたから」と断じることはよくある。「そりゃ、あの会社で働きたいとは思うよ——

だけど、コネがないからねえ」「アートギャラリーをひらきたいとは思ってるけど、なんのツテもないから」などとぼやくこともあるだろう。ところが、引っ越しをしたいと考えている地域や購入を検討する車があれば、いくらでも時間を費やし、ネットで検索するのではないだろうか。こと細かく、知りたい情報を調べるはずだ。

それなのに、会いたいと思っている業界の権力者や専門家がいたとしても、どうせ無理だ、そんな人とは知りあえるはずがない、とあきらめてしまう。

だが私は諜報員の訓練を通じて、**ぜったいに近づけない人間、けっして連絡がとれない人間などいない**ことを叩き込まれた。かならず、どこかに突破口がある。じつのところ、ターゲットに近づく方法を見つけるのはそれほどむずかしいことではない。

本当の難題は、相手との関係をもっと深いレベルへと発展させることだ。

あなたのアドレス帳にどれほど権力者の名前が並んでいようと、実際にそうした人たちの権力を活用できないのであれば、なんの意味もない。私自身、起業後に短期間で会社を急成長させることができたのは、いくつかのコネを活用できたおかげなのだ。そして私が大きく飛躍できたのは、そうした相手と信頼関係を築けたからだった。

とはいえ、目指す相手のメールアドレスを入手したあと、ひたすらにメールを送りつづけ、あれこれ要求したり、頼み事をしたりするような真似はしなかった。先方にとってみれば私など、どこの馬の骨とも知れない存在なのだから。

諜報員として訓練を受けたおかげで、私には相手と協力関係を築く方法がわかっていた。相手と知り合いになったからといって、すぐに協力関係を築けるわけではない。

あなたのことを自分の「人生の資産」だと考えてもらうには時間がかかる。

あなたのことを信頼し、あなたと一緒にいるとくつろげると感じ、あなたのことを仲間として尊敬し、あなたの知識と専門技術を高く評価してもらうまでに関係を深めたとき、ようやく、協力関係を築くことができるのだ。

友人や家族からちょっとした頼み事をされることはよくある。近所の友人から、「休暇で旅行にでかけるから、留守中、ときどき家のようすを見てくれないか」と頼まれたら、「いいよ。ときどきおまえの家に寄って、ようすを見ておくよ」と請けあうだろう。こうした場合、これまでに相手があなたの頼み事を聞いてくれたことがあれば、あなたは安心してまた頼み事をしやすくなる。双方はすでに信頼関係を結んでいて、相手があなたになにか頼み事をするとしても、それほどむずかしいことは頼まない。

その反対に、会ったばかりの職場の男性から「あのさ、おれ休暇で旅行にでかけるんだけど、あんたに自宅のカギを預けるから、郵便物を取り込んで、猫の世話をしてくれないか」と言われれば、あなたは面食らうだろう。しだいに腹が立ってきて、図々しいにもほどがある、これからこの男のことはできるだけ避けよう、と思うかもしれない。こうなれば、ふたりの人間関係はできあがるまえに壊れてしまう。

ビジネスの世界では、このミスを犯す人が多い。**時間と労力をかけて信頼関係を築き、協力関係を築こうとはしない**のだ。

私たちはともすれば、コネをつくることばかりを追い求めがちだ。そのうえ、実際に目当ての人間と知り合いになれたあとにどうすべきかまでには、考えが及ばない。

橋渡しをしてくれる人間を見つけたら、肝心なのはそのチャンスを最大限に活用することだ。どうすれば、自分のビジネスに力を貸してくれる権力者、有名人、専門家とお近づきになれるだろう?

たとえばライアンがタッドに近づくにあたっては、まず知り合いになり、双方の共通点を見つけ、相手をくつろがせることを心がけた。

このように諜報員が相手と信頼関係を築こうとする際、よく使う手法に「マッチング」と「ミラーリング」がある。

「マッチング」と「ミラーリング」で信頼を勝ちとる

人はたいてい、自分と似ている相手と一緒にいると居心地のよさを覚える。だからといって、自分と外見が似ている人を好きになりやすいと言っているわけではない（たしかに、そうした例も多いけれど）。そうではなく、共通点が多い相手と一緒にいると、気が楽で、快適にすごせるという意味だ。**自分と似た相手を好きになるのは人間に生来そなわっている性質**なのだ。

だから望みの相手と協力関係を築きたいときには、この人間の本質を利用しよう。諜報の世界では、相手から適切な情報を引きだす話術を身に付けるのは必須ではあるものの、相手のことをよく理解するには、言葉だけを重視してはならない。

事実、統計によれば、コミュニケーションのなかで話し言葉が占める割合はたったの7%にすぎず、55%は顔の表情、残りの38%は声（声の高さ、口調、間合《まあい》など）が占めている。そのため、相手と信頼関係を築くにあたり、スパイは**相手の話し方を真似る「マッチング」と、相手のふるまいを真似る「ミラーリング」**を活用する。これがうまくできるようになれば、相手はくつろぐようになり、あなたは信頼関係を育む土台を築けるはずだ。

ステップ①「しぐさや口調」を真似る

ライアンはレストランでタッドと顔をあわせると、すぐに「マッチング」と「ミラーリング」を始めた。そしてタッドが落ち着かないようすで座ったままもぞもぞしたり、手をこすりあわせたりしていることに気づくと、自分も似たようなしぐさをした。とはいえ、タッドの一挙手一投足をそっくりそのまま真似したわけではない（そんなことをすれば、かえって妙に思われる）。それと同時に、ライアンはトントンと指先でテーブルを軽く叩き、タッドをくつろがせようとした。そして話題が子どもたちのことに移ると、タッドの声は少し大きくなり、その口調もゆったりとしてきた。

あなたも目指す相手と親密になりたければ、まずは身体の動きから真似てみよう——そうすれば、しだいに会話がスムーズに進むようになる。

ところが、しぐさや口調の効力は過小評価しがちだ。

たとえば、子育てを経験したことがある方なら、深夜、泣きやまない赤ちゃんをあやしてすごすのがどれほど大変だったか、よく覚えているはずだ。

そんな日々のなか、ある晩、奇跡が起こる。泣き声をあげる赤ちゃんを抱きあげたところ、ふいに、赤ちゃんがあなたに向かってにっこりしたのだ。その瞬間、あなたのこわばっていた心が溶けてしまう。もう、めろめろとなって、これまでの睡眠不足の苦労などすべて吹き飛んでしまうのだ。このように、赤ちゃんが微笑むと、すぐに親もお返しに微笑む（どんなにクタクタであろうと）。そのとき、真の絆が生まれるのだ。

練習を重ねれば、あなたもこのテクニックを活用し、相手と良好な協力関係を築くことができる。

では、相手のしぐさや口調のどこに着目すれば、「マッチング」と「ミラーリング」に利用できるのか、いくつかキーポイントを見ていこう。

顔の表情——顔には不安の色が浮かんでいるだろうか。それとも、驚き、悲しみ、喜びといった表情が浮かんでいるだろうか。あいまいな表情を浮かべているだろうか。それとも、いたってわかりやすい、簡単に読みとれる表情だろうか。あるいは、おおげさで、わざとらしいだろうか。

姿勢——椅子に座ったまま、ふんぞり返っているだろうか。それとも、身を乗りだしているだろうか。両手で頭を抱え込んでいるだろうか。あるいは、しっかりと背筋を伸ばして座り、緊張しているだろうか。

口調——気持ちを伝えようとすると、人は自然と口調を変えるものだ。相手の声から、どんな感情が伝わってくるだろうか。会話が進むにつれ、その口調はどんなふうに変わってくるだろうか。

身振り——相手は手を動かして話しているだろうか。その人に特有の、なにか癖のあるしぐさをしているだろうか。

テンポ——相手の話は速くなっているだろうか。それとも、ある話題になると、ゆっくりとスピードが落ちるだろうか。

呼吸——息遣いが荒くなっているだろうか。その反対に、ときには息遣いが安定するだろうか。

身体の接触と相手との距離——論点を強調したいとき、こちらの手を軽く叩くだろうか。それとも、話しながら身を乗りだしたり、その反対に身を引いたりしているだろうか。

［スパイの裏ワザ］

■ 電話でも相手のサインを読みとれる

電話で話している場合は、当然、相手がどんな姿勢をとっているのか、どんなしぐさをしているのかわからない。とはいえ、じかに姿を見られなくても、こちらの話にどのくらい関心をもっているのか、その程度を推しはかることはできる。

おもな手がかりは、口調や息遣いだ。話し方は一本調子で、いかにも関心がなさそうだろうか。いかにもワクワクした口調で、話すペースは速くなっているだろうか。呼吸の回数は減っているだろうか。電話を切りたいというシグナル（「はあ」とか「ええ」とか言った相槌を繰り返すだけなど）を送っているだろうか。電話で話をしている最中に、なにかほかのことをしている音（パソコンのキーボードを叩くなど）が聞こえてくるだろうか。イライラと指でなにかを叩く音が聞こえてくるだろうか。

こうしたサインはどれも、あなたが電話を切るべきか、ここで踏ん張るべきか、あるいはもっと会話を盛りあげるべきかというヒントを示している。

さて、ライアンが「マッチング」と「ミラーリング」をうまく活用したところ、タッドは見るからにくつろいだようすを見せはじめた。私たちの脳は相手が自分の行動を真似ていることを、あまり敏感に察知しないため、いま自分が心地よくすごせているのは、目の前の人と一緒にすごしているからだと考えるようになる。これが、ふたりのあいだの協力関係の基盤となる――**ミラーリングされると、話している相手にポジティブな印象をもち、これからも交流を続けていきたいと思うようになる**のだ。

とはいえ、相手のしぐさやふるまいのすべてをいちいち真似する必要などないことは、肝に銘じてもらいたい。まずはごく自然に感じられて、自分にとっても無理のないものをいくつか選ぼう。

たとえば、ふだん、テーブルを指でトントンと叩く癖があなたにまったくないのであれば、突然、そんな真似をしたところで、ぎこちないしぐさになるだけだ。だから、できるだけ自然に見える動きをすることを心がけよう。こうしたちょっとした工夫を重ねれば、あなたは優位に立てる。そのためには、頭のなかの邪念を追い払って会話だけに全神経を集中させる練習をしよう。ふだんから練習を欠かさないからこそ、いざというときに、相手のふるまいや口調を的確に真似できるようになるのだから。

［スパイの裏ワザ］

■ アイコンタクトの正しい活用法

研究によれば、大半の人はアイコンタクトの持続時間が3・2秒前後のとき、心地よさを覚えるという。これより長く目を見つめられると、図々しく感じたり、不快感を覚えたりする。その反対に、アイコンタクトをしてきた相手が信頼できるように思えたら、長く見つめられてもとくに居心地の悪さは覚えない。とはいえ、どのくらいのアイコンタクトが許容されるかどうかは、文化によって違いがあることも念頭に置こう。たとえば中国や日本では、アイコンタクトをする習慣がない。失礼な相手だ、怪しい人だと思われるおそれがあるので、気をつけよう。

ステップ② 共通点をさがす

ターゲットと信頼関係を築くには忍耐力が必要となることを、スパイは熟知している。「急《せ》いてはことを仕損ずる」だ。

ライアンの場合、カンファレンスが短期で終わることを重々承知していたが、タッドの信頼を勝ちとるには、相手のペースで交流を続ける（というより、そう思わせる）必要があることもわかっていた。そのうえ、こちらの思惑を早急に明かそうものなら、その時点で作戦が失敗に終わることもわかっていた。

そこで、まずは相手のしぐさなどを真似てタッドをくつろがせてから、ようやく次の段階に進むことにした。ふたりのあいだに橋をかけはじめたのだ——つまりタッドとの共通点をさがしはじめたのである。さらに気持ちをもっと通わせるために、さがしあてた共通点から会話の糸口を見つけ、そこから話題を掘り下げたり、独特のひねりを加えたりした。

たとえば、あなたの趣味がハイキングだとしよう。すると、相手もハイキング好きであることがわかり、なんとアメリカの三大長距離自然歩道であるパシフィック・クレスト・トレイルを制覇したという発言が飛びだせば、これが貴重な架け橋となる。ふたりの共通点が見つかっただけではなく、相手にはあなたが胸を躍らせるような話題があることがわかったのだから。すると、ここからまた会話が弾み、双方が興味をもっている趣味についいて話を掘り下げることができる。

あのトレイルはどんな感じのところでしたか？　制覇するには何カ月もかかるでしょうに、仕事とどう折り合いをつけられたんです？

こうして自然に会話が弾めば、相手への信頼も深まる。相手とのあいだに橋をかける話題として、次のような例が挙げられる。

- 家族
- これまでに訪れた旅先
- スポーツ
- 趣味
- 本や映画
- 音楽
- 出身地
- 学校、教育
- 参加したことがあるカンファレンス

スパイにとって、知識はいつだってパワーだ——なにしろ、ごくありふれた質問を投げかけて、最大の秘密を引きだすことさえできるのだから。「東海岸の大学に通われていたんですか?」といった質問をきっかけとして、秘密を聞きだせることもある。

このように、見込み客や新たな取引先とのあいだに橋をかける努力を習慣にすれば、あなたも忍耐力を身に付け、相手と信頼関係を築けるようになる。そして、その橋を渡れば、新天地が待っているのだ。とはいえ、ときには、その橋を渡ってみたところで、期待していたような成果が得られないこともあるだろう。その場合は、そこからまた出発点をさがせばいい。

たとえば、あなたが共通点をさがしていて、「うちの子は来週、学校が休みなんですよ」と言ったところ、相手が「うちには子どもがいないんですよ」と応じたのであれば、「そうですか。私の友人にも子どもがいないんですが、自由な時間が多くていいなあと、うらやましく思うことがあります。先日も、最高のキャンプを楽しんだという話を聞いたばかりです」と、話題を変えてみよう。

その結果、こんどこそ、望みどおりの橋をかけられるかもしれない。

［スパイの裏ワザ］

■ 相手の話にじっくりと耳を傾け、カギを握る単語をさがしだす

いま話している相手と信頼関係を築きたいのであれば、論点を強調したいときに使う単語に気をつけよう。また、繰り返し使っている単語にも注意しよう。

たとえばライアンは、タッドが子どもの大学進学について語るときに「必須」という単語を使ったことに気づいた。こうした場合、スパイならその後の会話で同じ単語を使うことを心がける。これもまた一種のミラーリングなのだ。この手法を利用すれば、簡単に、かつすばやく、相手と信頼関係を築くことができる。

ターゲットと信頼関係を育みたいときに、スパイが忠実に守るルールはほかにもある。その大半はちょっとした心遣いにすぎないし、良心を重んじるものだ。それでも、取引先から信用してもらい、胸襟をひらいてもらう際には欠かせない心得となる。

・共感を示すことをけっして忘れない。だが、共感を友情と混同することはない。諜報活動において人との交流は、あくまでもビジネスの付き合いにすぎない。

・自分のほうが一枚上手であることを見せつけようとしない。相手とのあいだに共通点

を見つけ、橋をかけようとしているときには、ついユニークに見せたいと思いがちだ。ところが、つねに相手の一歩先を行こうとしていると、反対に不信感をもたれかねない。

- あなたのことを信頼して、相手がなにか打ち明け話をしてくれたら、その内容にはいっさい意見を差し挟まない。
- いっさい助言をしない。相手から特別に助言を求められないかぎり、なんのアドバイスもしない。
- 相手がまだ話している最中に話をさえぎったり、その先を自分が話したりしない。
- 相手が夢中になって話しているときには話題を変えない。
- 心から相手の話に聞きいっている態度を見せ、聞き役に徹する。相手が強調したい論点に、あなたが関心をもっていることを示す。
- 相手を褒める。ただし、慎重に。見えすいたお世辞は言わない。

▼ささいなものでも似ている点をさがす

スパイはまた「似ている点」をさがすのが得意だ。完全な共通点とはいえなくても、わずかな違いはあろうと「似ている点」を見つけられるのだ。このテクニックを活用すれば、相手がどんなことに関心をもっていようと、あるいはどんな経歴の持ち主であろうと、こちらとはまるで共通点がないという事態が生じなくなる。

たとえば、あなたがバーベキュー好きで、奥さんはパンを焼くのが大好きだとしよう。この場合は、どちらも料理の技を要するわけだから、たとえば事前の準備について共通の話題を楽しむことができる。とはいえ、その料理の手法は大きく違うわけだから、同じくらい深い知識やスキルをもっている必要はない。

いっぽう諜報の世界では、ライアンの例のように、世界でも有数の知識をもつ専門家と信頼関係を築く必要性に迫られることがある。たしかに私の同僚たちは、数学、コンピュータ・プログラム、生物学などの高度な知識をもってはいるが、タッドのような傑出した人物が長年、その分野の第一人者として活躍してきたことを承知している。だから、そうした専門家とはあまり高度な話をしないように留意している。さもないと、ボロがでてしまうからだ。

だから、あなたがビジネスを展開したい相手との共通点を見つけるのに苦労しているのなら、わずかな違いはあるものの、似ている点をさがしてみよう。相手がミステリー小説を読むのが好きで、あなたはSF小説を読むのが好きなら、どちらも読書好きだという事実を突破口にしよう。

どこかの読書会には参加していらっしゃいますか？　紙の本、電子書籍、どちらで読むのがお好きですか？　お気に入りの書店はおありですか？

たとえ、なにも共通点がないように思える相手であろうと、似ている点をさがせば、そこから会話が弾んでいくはずだ。

［スパイの裏ワザ］

■ 第三者の関心事や経験を利用して、人脈を広げる

人脈づくりに利用できるのは、自分が個人的に関心をもっている話題だけではない。たとえば、相手が話している内容に、あなた自身はなんの関心をもてなくても、その話題があなたの娘さん、奥さん、友だちにとっては意味があるものなら、積極的にその話題を活用しよう。たとえば相手がバレエの話をしていて、あなたもその会話に参加したいと思ったら、バレエに関心をもっている第三者の話をもちだせばいい。

「私はバレエを鑑賞したことがないんですが、姪がちょうどレッスンを受けはじめたところで、それはもう、夢中になっているんです。やはり、一度はバレエの公演に連れていってやるべきでしょうか？」

このように、たとえあなたにはなんの関心もない話題であっても、わずかなチャンスを

見つけたら、思い切って会話に参加してみよう。

ステップ③ 相手より先に「打ち明け話」をする

タッドとの会話を盛りあげたいと思ったとき、ライアンはまず自分の子どもの話題をもちだした。話の最初のほうで、タッドにもまた妻子がいることがわかっていたので、子どもの話をすれば心をひらいてもらえるだろうと踏んだのだ。

相手のことをよく知りもしないのに、自分の恐怖心や不安感を打ち明けようとする人はまずいない。だが相手が自分の胸のうちを明かしてくれたり、あたたかく包み込むように接してくれたりすれば、話は変わってくる。

ライアンの場合は、教育費がかかるのが心配だという不安を自分から打ち明けた。ライアンが先に打ち明け話をしてくれたため、自分も同じことを心配していると、タッドも打ち明けることができた。おかげでライアンは、タッドとの信頼関係を築くことができた。それというのも、子どもの教育費こそが、タッドの弱みだったからだ。

信じられないかもしれないが、スパイは相手の弱みを引きだすために、四六時中、非道な手法を駆使しているわけではない。ただ相手の弱みを利用して、自分が望む方向に信頼関係を深めていくだけなのだ。

いま、ライアンには、タッドが子どもの大学の授業料の心配をしていることがわかっている。そこで、その弱みを利用して、ほかの話題をもちだすことができた。「アメリカへの移住を考えたことはありませんか、そうすればお子さんたちもアメリカで教育を受けられますよ」と、肝心の話を切りだすこともできるだろう。

とはいえ、ビジネスの場では、相手に心をひらくタイミングをはかるのはそう簡単ではない。それでも、情報を共有するテクニックはいつでも力を発揮する。べつに、勤務先の極秘情報を漏らしなさいと勧めているわけではない。そうではなく、相手の関心をひくようなちょっとした情報を伝えればいいのだ。

たとえば、あなたが経営者である場合、人件費の高騰に対する懸念についてとくに論じたくはないかもしれない。だが、この問題に真剣に取り組んでいることを伝えられれば、有能で実行力がある人間だと思ってもらえるだろう——その結果、パートナーシップを結びたい相手として信頼してもらえるかもしれない。

つねに誠実であれ

明確な目的があるからこそ、スパイは相手と信頼関係を築こうとするわけだが、私の同僚なら全員、「相手がだれであろうと基本的に、誠実に接している」と口を揃えるだろう。**誠実であることは、有益なコネをつくるのと同じくらい重要**だ。あなたもビジネスで最高の成果をあげたいのなら、ウソをついてニセの共通点をつくるのではなく、**本物の共通点で相手とつながる**ことを心がけよう。

かの投資家、ウォーレン・バフェットは「名声を得るには20年かかるが、台無しにするのは5分もあれば十分だ。この事実を肝に銘じれば、あなたの今後の行動が変わってくるだろう」という名言を残したが、まったくそのとおりだ。

真っ赤なウソをついて無理やりコネをつくり、あなたのブランドや評判を汚してはならない。そんなリスクを冒す価値はないのだから。

相手の「学習スタイル」にあうコミュニケーションで関心をひく

腕時計の話をしてタッドとのあいだに橋をかけようとしたとき、ライアンは頭のなかで腕時計のようすをメモし、できるだけ細部まで記憶に残した。ライアン本人は腕時計のコレクターではなかったが、彼は好奇心を刺激された。その結果、ヴィンテージの腕時計に関してとことん勉強することができたのだ。

だが、ここでもっと重い意味をもつのは、腕時計を橋として利用できたことではなく、タッドが「**情報を処理するスタイル**」がわかったことだった。

スパイは人間の行動に関して、万事を意識するように訓練を受けている――そのなかには、人それぞれの「学習スタイル」も含まれる。

ライアンの場合は、夕食の席で購入した腕時計の話をしたところ、タッドがさほど関心を示さないことに気づいた。その後、ヴィンテージの腕時計のすばらしさについて話を続けたあと、くだんの腕時計を外し、タッドに渡した。すると、タッドのようすが一変した。そのなめらかでひんやりとしたステンレススチールに触れ、ブレスレットの重さを確かめ、リューズの細かい刻みに触れた。こうした反応から、タッドが触覚などを通じた「身体感覚」の学習スタイルの持ち主であることが推測できた。

「身体感覚」の学習スタイルの人にとっては、なにかに触れ、実際に自分の手でたしかめることに意味がある。それが、タッドが情報を処理するスタイルだったのだ。

人が情報を処理するスタイルを把握できれば、あなたはいろいろなタイプの人とコミュニケーションをはかりやすくなる。**相手の関心をひくやり方で情報を伝え、心をわしづかみにするような方法で提案できるようになれば、もっと強靭で、もっと有意義な関係を築けるようになる。**

「学習スタイル」は、おもに次の4種類に分けられる。

1. 聴覚学習スタイル

このスタイルの人は、学校の授業がよく理解できたはずだ。教室の授業のように、情報を口頭で伝えられるのを好む。口頭での説明にボディーランゲージが加われば、いっそう理解しやすい。

2. 視覚学習スタイル

このスタイルの人は、ただ口で説明されるだけではなく、実際に目の前でそれが機能するところを見せてもらう必要がある。写真、絵画、図表、グラフ、リストなどがあれば、その内容をしっかりと理解できる。

3. 身体感覚学習スタイル

タッドのような身体感覚学習スタイルの人は、実際に物に触れ、その素材の感触、手触りを確かめるのが好きだ。何事も自分でやってみて、そこから学ぶ。また学習している最中に、動きまわるのが好きな人も多い。

4．読み書き学習スタイル

このスタイルの人は、読んだり書いたりしていると、スムーズに学ぶことができる。本に記されている情報をしっかりと把握し、吸収することもできるし、それを自分なりの言葉に置き換えて理解することもできる。

「この人はコミュニケーション能力が高い」と思われたいのなら、日々のビジネスの場で、相手がどんな学習スタイルにあてはまるのかを推測しよう。相手の要望に応じて、異なる学習スタイルを使いわけられるようになれば、以前より明確にコミュニケーションをはかれるようになり、相手との信頼関係を強化し、ついには売上を伸ばせるようになる。

「学習スタイル」の知識を活かした交渉術

2015年、起業から数年が経過し、私は某大手企業とのライセンス契約の交渉に臨んでいた。私はなんとしても、この契約の成立にこぎつけたかった。契約を結べれば、初年度に数十万ドルの売上が見込めたうえ、じきにそれが数百万ドルに跳ねあがることも期待できたからだ。相手はとにかく評判のいい企業だったので、この契約がうまくいけば、わが社の成長の起爆剤になることが見込まれた。

ある日、私は契約を細部まで詰める予定となっている交渉の場に足を運んだ。狭い会議室にいるのは、私と、その大企業のひとりの幹部だけ。テーブルには書類や本が置かれていたが、私は席に着く際に、幹部と私のあいだにそうした物がいっさいない場所を選んだ。そのうえで、私は彼の真正面に座った。この人物とは初対面だったので、相手が視覚型でも、聴覚型でも、ほかの学習スタイルでも対応できるように、私はふだんより念入りに準備をしていた。

バッグのなかには、まず視覚に訴えるツールとして、ホワイトボード用のマーカー、図表、そしてサンプルなどを用意していた。ほかにも、ただ文章だけを並べた提案書も作成しておいた。諜報員として訓練を受けたおかげで、しばらくすると物腰や反応から、彼が「視覚学習スタイル」の持ち主であることがわかった。そこで、ライセンス契約を結びたいと考えていた製品のひとつ、カスタムメイドのナイフを利用することにした。

私はナイフをとりだした。すると「ちょっと見せてください」と言い、相手はナイフを手にとり、観察を始めた。そこで私は会話を続けたあと、ここぞというタイミングを見はからい、写真や図表をとりだした。

すると、彼が目を輝かせた。彼の学習スタイルを確信した私は、論点を明示すべく、いろいろな色のマーカーを使ってホワイトボードに書き込み、説明を始めた。そしてグラフも提示した。彼はそうした資料を食い入るように見ていた。そしてとうとう、ありがたいことに、私は晴れて契約を獲得したのである。

それだけではない。この担当者が視覚の刺激によく反応することがわかったため、次の打ち合わせに向けてしっかりと準備をととのえられるようになった——そしていっそうスムーズにコミュニケーションをはかれるようになったのである。

相互理解と協力関係が成功を生む

CIAを辞め、起業したあと、自分がほかの起業家とは違う観点から人脈をとらえていることがよくわかるようになった。

訓練のおかげで、「徹底した下調べをおこない、辛抱強く待ってから人間関係を築け」という教えが骨の髄までしみ込んでいて、ビジネスの場でも無意識のうちのその教えを守っていたのである。

前述したように、私はきわめて内向的な性格の持ち主だが、CIAで教えられたテクニックを駆使するうえで、性格はなんの関係もない。直観を利用し、相手とのあいだに橋をかけ、ターゲットを協力相手と見なす。それがたんなる名前やメールアドレスだけのデータであろうと、その向こうにいる「人間」を意識すれば、力を貸してくれる人とすぐにつながることができる。そして、あなたのビジネスは急成長するだろう。
ひょっとするとその過程で、友人と呼べる人がひとりかふたり、できるかもしれない。

「スパイ神話」のウソ、ホント

いったんCIAに入局したら、友人や家族に永遠の別れを告げなければならない。

それはウソ！

タッドと信頼関係を築きたいばかりに、ライアンは自分の家族について、すべて作り話をしたのだろう。そんなふうに想像した方もあるだろうが、そんなことはない。

ライアンには本当に家族がいた。スパイは友人や家族に永遠の別れを告げなければならないという噂は、真っ赤なウソだ。CIAの職員たちは、親や親戚や友人にちゃんと会っている。それは私が保証する。

CIA本部には数千人もの職員が勤務していて、その共同体はまるで小都市だ。つまり、そこには諜報員もいれば、警備員もいれば会計士もいるし、人事部や総務部のアシスタントもいる。CIAにはスターバックスもあって、バリスタまで働いているのだ。

当然のことながら、職務上、諜報員は外部に漏らすことができない情報を知っている。

だから現場で働いているあいだは、家族にさえ居場所を伝えられないケースもめずらしくない。その目的は家族に情報を知られないことではなく、情報源を守ることにある。

だからといって、家族とまったく連絡がとれないわけではない。

家族とつながるためのなんらかの手段がかならず用意されていて、特別な電話番号を利用する場合もあれば、CIAの管理下の家屋で接触する場合もある。

第4章

勧誘する
――タイミングを逃さない

ターゲットから思いどおりの言葉を引きだす

件名　プロジェクトQ
日付　2〇〇〇年、10月26日
宛先　XXXX　XXXXXXXX
送信者　ライアン・ジョーンズ

RE：#3-23（タッド）に関する活動最新報告

各位

3カ月前に初めて顔をあわせてから、「タッド」と会う機会を何度も設けてきました。会話を重ねるにつれ、彼は心を許すようになり、いまでは互いを信頼し、尊敬しあう間柄となっています。私の知るかぎり、タッドは傑出した技能の持ち主であり、他の追随を許しません。彼が〈プロジェクトQ〉に協力してくれることになれば、はかりしれない恩恵がわが国にもたらされるでしょう。現在、彼の活動は当局の命令で制限されており、彼は思いどおりの研究ができないうえ、もてる技能を存分に発揮できない状態にあると考えられます。

タッドは現政権下で、妻子が安全で幸福な生活を送れるかどうかを憂慮しています。そのうえ、彼自身は動向も観察されています。監視され、国外への渡航を禁じられているのです。よって、将来、わが子には自分と同じような生活を送ってほしくないと考えています。ですから、彼はかならず、こちらの申し出に耳を傾けるでしょう。頃合いを見はからい、私から提案するつもりです。

ライアン・J・ジョーンズ

■ライアンのストーリー「パート4」

タッドと私はあまり間を置かずに再会しては一緒に夕食をとり、交流を続けた。とくに子どもの話、趣味の話、そしてレストランの料理の話をよくした。私はいつも彼の給料では手が届かないような高級レストランを予約し、勘定を支払った。タッドは最初のうち、いつもご馳走されることに恐縮していた。だが私は、こうして親しくしていただけるだけでありがたいのですと伝えた。

何度か、彼の奥さんまでレストランに招待した。タッドにとって、奥さんの意見には大きな意味があることがわかっていたし、奥さんにも私の人となりを知ってもらいたかったからだ。奥さんは詩人だった。そこで私は、あいにく詩についてはまったくの門外漢で、と正直に伝えた。すると奥さんは、詩についてあれこれ教えてくれた。そこで私は、詩の世界にすっかり魅了されました、と感想を伝えた――これまではなんの知識もありませんでしたが、と。

奥さんは穏やかでのんびりとした女性で、アメリカでの生活に興味津々だった。真冬に家族と陽光あふれる温暖なフロリダに旅をしましたと話したところ、目を丸くして聞きいってくれた。素敵な場所なんでしょうね、うらやましいわと言い、奥さんが笑いながら窓の外を指した――戸外では、どんよりとした灰色の空から大粒の雪が降りつづいていた。

こうして交流を続けるうちに、タッドは少しずつ心の壁をとりはらい、胸のうちを明かしてくれるようになった。そして、自国の政府から活動に制限を設けられていることにも触れはじめた。これはきわめて貴重な情報だった。これから提案しようとしている私の申し出に、彼が抵抗できないほど魅力的な条件を付け加えるうえで参考になるからだ。

私はタッドの自宅も何度か訪問した。部屋は簡素なつくりで、私たちは暖炉の横に腰を下ろし、縁の欠けたティーカップで紅茶を飲み、なんとか暖をとろうとした。タッドの家はいつだって寒かったのだ。私はタッドに読書の話をして、こう言った。

「ちょうどガブリエル・ガルシア＝マルケスの『百年の孤独』を読み終えたところなんです。見事なストーリーでしたし、あの濃密な言葉の魅力が忘れられません。マルケスをお読みになったことはありますか？」

そう尋ねると、タッドは返事をせず、暗い顔でこちらを見た。

「どうかなさいましたか？」と、私は尋ねた。

「残念ながら、こちらではあまり本を入手できないんだよ」と、彼が重い口をひらいた。「われわれには読めない名作が、世界には山ほどあるというわけだ。読みたい本があれば、なんだって読めるんだから、きみたちは恵まれている」

私は詫びを述べ、好きな本を読める生活が当然のように思うのはいけないことですねと、付け加えた。それからバッグのなかに手を突っ込み、なかを引っ掻きまわした。

「ああ！　ありました！」そう言うと、ボロボロになった本をとりだした。

「この作品も、きっと気に入っていただけるかと」

私は『アラバマ物語』の古いペーパーバックをタッドに渡した。「アメリカでは古典ともいえる名作です。私自身、ときおり読み返しているんですよ。よければ、お手元に置いてください」

タッドが大きく目を見ひらいた。本は豪華な食事よりもずっと価値のあるプレゼントなのだろう。そのうえ彼にとって、本はもっと大切なものの象徴でもあった――自由、文学の世界へと続く扉、目をひらかれるような知的興奮。

「きみは本当によき友だ。ありがたく読ませてもらうよ。子どもたちも一緒に読めるんだから、いや、これはありがたい！」

窓の外では強風にあおられた雪が舞いあがっている。そろそろ失礼して、歩いてホテルに戻りますと、私は辞去の挨拶をした。すると、タッドが私をぎゅっとハグした。これまで、一度もハグなどしてくれたことはなかったのに。

来週、また夕食をご一緒させてくださいと、私は付け加えた。

それから1週間が経過した。そして私はついに腹を決めた。きょうこそ決行の日だ、と。タッドと出会ってから、もう数カ月もの時間をかけていた。そして私は、こちらの提案が受けいれられることをみじんも疑っていなかった。

とはいえ、承諾してもらう自信が100%なければ、申し出をする決断などしない。なんといっても、タッドが私の提案を拒否しようものなら、その後、彼は自国の政府にその旨を報告できるのだから。

そうなったら、私は当局に捕らえられ、頭巾をかぶせられて、もう二度と彼に会うことはない。だがタッドはまちがいなく、私に心をひらいていた——彼のボディーランゲージからも、私に信頼を寄せ、仲間だと思っていることがうかがえた。

レストランにやってきたタッドは、少々慌てているようだった。大丈夫ですか。私がそう尋ねると、ああ、大丈夫だと、彼が応じた。豪雪のなか路上を歩くのに、思ったより時間がかかったという。彼は雪を払いおとし、席についた。身体が温まるにつれ、彼の表情も明るくなった。私たちは料理を注文した。

それから私はタッドに本のことを尋ねた。まだ読めていないんだよ、なにしろあっという間に子どもがもっていってしまったものでね——新しい本がくると、子どもたちはものすごく興奮するんだ、と彼が説明した。そして、本は子どもにとって必需品なのに、簡単に手に入らないのは惨状としか言いようがない、と付け加えた。手元にある本ならなんでも喜んでお譲りしますよと、私は申しでた。するとタッドは私の目をまっすぐに見て、手を伸ばし、私の二の腕を軽く叩いた。

「きみは私にも家族にも、本当によくしてくれている。頂戴した贈り物の数々には、みんな心から感謝している。きみには想像もつかないほど、ありがたいと思っているんだよ」

いまがチャンス。完璧なタイミングだ。

私は身を乗りだし、声を潜めた。

「タッド、よく聞いてください。あなたはこんな生活を送っていてはなりません。自由が制限され、恐怖に支配されているような生活を。これまでずっと、ご相談したいことがあったのですが、あなたに心の準備ができているかどうか、自信がなくて申しあげられなかったのです。タッド、あなたがご自分のお仕事を誇りに思っていらっしゃることは、私もよく存じあげています」

タッドが私の話にいかにも興味をひかれたような表情を浮かべた。

「私があなたのお力になります」と、私は言った。すると、タッドが緊張するようすが伝わってきた。これまでの観察から、彼は緊張すると手をこすりあわせることがわかっていたのだ。そこで私も手をこすりあわせながら、ゆっくりと話し、自分も緊張しているかのように少し口ごもった。私はこうした展開になることを予想していた。タッドは慎重で、用心深い男だからだ。

「ええと、その、ええと、すみません——こんな話をもちだすべきではありませんでした。どうぞ、忘れてください。デザートを注文しましょう。私が考えていることは、あなたとご家族にふさわしくないのかもしれません」

私が言いかけた話の先を聞けないこと、そして、その話には彼の家族の将来が関与していることがわかれば、彼はまちがいなく目の前の低いハードルを飛び越えるはずだった。

「いや、かまわない、続けてください」

そこで私はいかにも自信に満ちた態度で、彼の目をまっすぐに見て話を続けた。すると、タッドが座ったまま背筋を伸ばし、話にじっくりと耳を傾けようとした。

「ぜひ、ご家族の力にならせていただきたいのです」と言い、私はその方法を説明した。そして、きょうまで、この計画は極秘裏に進められてきたのですと言った。タッドは懸命に自制してはいたものの、その顔は輝いていた。そして、きみがいま話してくれた提案を、これまでずっと待ち望んでいたのだ、と応じた。

「タッド、あなたが私たちと一緒に働いてくださるのなら、手はずをととのえます」

彼の返事は、まさに私が計画していたとおりのものだった。

「返事はイエスだ。私の知識は、まちがいなく、そちらの役に立つはずだ。きみもそう思うだろう？　知っていることはなにもかも、お伝えしよう」

まるで、彼のほうが売り込みをかけているようだった、この計画はなにもかも、彼のアイディアであるかのように。そこで、私はこう言った。

「一生に一度のチャンスです。お子さんがたはすばらしい教育を受けられる。あなたと奥さまは自由を獲得なさり、好きなときにいつだって好きな本を読めるようになるのです！」

本の話に触れると、私は笑った。すべての計画はいとも簡単なことで、たいした話ではないかのように——彼はただ同意すればいいだけなのだ。

「ひとつだけ、お伝えしなければならないことがあります、タッド」と、私は故意に彼の名前を繰り返した。

「タッド、私はアメリカ合衆国政府の下で働いています。われわれは、あなたにこちらにいらしていただき、一緒に働いてほしいと考えています。あなたが国外にでるのは一筋縄ではいかないでしょうが、どうか安心してわれわれにお任せください。これから、ご一家にはまったく新しい人生がひらけるのです。そのプロセスがうまくいくように、とりあえず、いますぐ1万5000ドル、差しあげます。でも、あなたからはそのお返しを頂戴しなければなりません」

私は水が入ったグラスをテーブルの中央から脇へと動かし、こちらの行動がはっきりと彼に見えるようにした。そして紙を1枚とりだし、わずかにテーブルの右に寄せた。

「私は本部の人間に報告しなければなりません。そして本部のほうでは、あなたが本当にこちらに協力してくれるのかどうか、確認する必要があるのです」

そう言うと、私はそっと書類を叩き、彼に署名してほしいことを示した。だが、書類を彼のほうに押しだすような真似はしなかった。まだ、その頃合いではない。

「以前にもこのような例はありました。あなたもご家族も、心配はご無用です」

タッドは全身を耳にして聞きいっている。彼が子どもたちのためによりよい生活を切望していることを、私は承知していた。タッドが書類に手を伸ばしたが、私はその書類にまだ手を置いていた。

「あなたが協力してくだされば、世界はいまより安全になります。あなたの知識を善なるもののために活用することができるのです」

そう言うと、私はタッドのほうに書類を押した。彼は書面にさっと目を走らせ、署名すると、ごく自然に私のほうに押し戻した。私は書類をバッグに入れた。

ついに、求めていたものを手にいれたのだ。私はタッドを見て、こう言った。
「お祝いをしなくてはなりませんね。デザートを注文しましょう」

［スパイの裏ワザ］

■ 繰り返して名前を呼ぶ効果

かのデール・カーネギーはいみじくもこう語った。
「いかなる言語においても、名前は本人にとってこれ以上なく心地よい、重い響きをもつものだ」と。

スパイはこの見識をよく心得ている。あなたも契約を獲得したいとき、あるいは、ただ人脈を広げたいときに、意識して相手の名前を呼ぶことを心がけよう。相手の名前を繰り返して呼びかけると、注意を引けるうえ、「自分は人から興味をもたれる人間だ」「自分は関心の的《まと》になっている」と思わせることができる。

「断られないオファー」のタイミングを見わける

みなさんのなかには、こちらの望みに相手を従わせるためなら、スパイは暴力を行使したり無理強いをしたりするのも厭わないと思っている方もあるだろう。だが、その思い込みは真実とはかけ離れている。スパイは、相手が断れないようなオファーをする能力に秀でているからだ。

なにかを提案する際には、事前に徹底的に計画を練る。諜報の世界では、ターゲットがどれくらい乗り気になっているかの推測を誤ろうものなら、作戦全体が失敗に終わりかねない。そうなればスパイは上官から叱責されるうえ、ターゲットが自国の政府にこちらの正体を明かす懸念も生じる。そうなれば、スパイは殺害されるか、余生を国外の刑務所ですごすことになる。

ビジネスマンの場合、こちらのオファーを断わった相手から殺されたり拷問を受けたりするおそれはないだろうが、会社を前進させるうえでは、ひとつひとつの取引が重い意味をもつ。私が諜報員として受けたトレーニングのなかでもっとも役に立っているのは、おそらく、**獲物をしとめるタイミングを正確に把握する**ことだろう。私はけっして、こちらの提案に耳を貸そうとしない相手に働きかけて時間をムダにするような真似はしない。相手に取引をする心づもりがあるかどうかを、正確に言い当てられるからだ。
練習を重ねれば、あなたにもそれが見わけられるようになる。

「魔法の瞬間」を見抜く3ステップ

スパイが情報と引き換えに、相手になにかを受けいれさせる瞬間は、まるで一流の芸を披露しているようなものだ。私の同僚たちは長年、現場で腕に磨きをかけ、自分のやり方に微調整を加えてきた。というのも、作戦ごとに毎回毎回、その「魔法の瞬間」を正確に見きわめなければ、命を落とすかもしれないからだ。

幸い、ビジネスマンのみなさんはその「魔法の瞬間」を見はからうために何年もの訓練に耐えたり、国外での諜報活動に従事したりする必要はない。簡単に活用できるコツがあるので、ぜひ、身に付けてもらいたい。そうすれば、相手があなたのオファーを受けいれるかどうかを示すサインにも気づけるようになる。

ステップ① けっして急がない

忍耐力は美徳そのものだ——とりわけ諜報活動においては。ターゲットにこちらの提案を受けいれさせるまでのプロセスを、けっして急いで進めてはならない。だからといって、何カ月にもわたって高級レストランでの接待を続けて、クライアントに大金を費やす必要はない——だが、時間だけは十分に投資する必要がある。相手の心が動いたことがわかるまでは、たっぷりと時間をかけるのだ。

相手はどんな人間性の持ち主だろう？　あなたが売り込んでいるものに、どうすれば魅力を覚えてくれるだろう？　経験を重ねるにつれ徐々にすばやく判断できるようになるだろうが、「魔法の瞬間」を初めて見きわめようとしている人はけっして急がないこと。どれほど時間がかかろうが、あなたのオファーが受けいれられたとき、あるいはあなたが売り込んだ商品を注文してくれたとき、これまでの苦労は報われるのだから。

ステップ②　ボディーランゲージに注意を払う

ライアンは、タッドのボディーランゲージにずっと注意を払っていた。有能なスパイはつねにボディーランゲージを観察しているし、その評価を欠かさない。他人の発言、行動、外部からの刺激にターゲットがどんな反応を示すかを、絶えず観察しているのだ。

スパイは頭のなかの事件簿に、相手のそわそわとしたようす、話し方、顔の表情、アイコンタクトなどをメモしている。その甲斐あって、「魔法の瞬間」が近づいてくると、相手の態度や行動にそれとわかる変化が生じることに気づくのだ。乗り気だろうか？　こちらを信用しているだろうか？　前進しようとする熱意はあるだろうか？

ライアンの場合は、タッドがアイコンタクトを続けていること、そしてこちらの腕を軽く叩いたことに留意した。そして、それはタッドが心をひらき、こちらの提案を受けいれる心づもりでいることを示すサインだと判断したのである。

こちらのオファーを受けいれるサイン

心からの笑み（ひきつった笑みではない）を浮かべる、あなたの話を聞き漏らすまいと身を乗りだす、あなたに軽く触れる、腕を横に広げている。

ステップ③　相手が売り込んでくるかどうか、見きわめる

自分の知識は、まちがいなくアメリカ合衆国の役に立つ。そうタッドが言ったとき、ライアンには獲物を仕留めたことがわかった。ライアンがニンジンをちらつかせたところ、タッドはこれから重要な話が始まることを察した。そして、自分がライアンの提案にふさわしい人間であることを証明しようとした――そして提案を快諾すると請けあったのだ。

このように、クライアントが自分の強みについて説明を始め、一緒に仕事をすべきですとあなたに熱弁をふるいはじめたら、それは取引成立が目前だというサインだ。

相手が売り込みをかけているサイン

自分の強みについて話しはじめる、自分が貢献できる点を説明する、自分の能力を保証する、自分のスキルや専門知識がどれほど有益かを力説する。

相手にあわせた完璧な売り込みをかけるコツ

相手がこうしたサインを示せば、こちらが売り込んでいるものを買う、こちらの提案に乗る準備がととのったことがわかる。そのときこそ、とどめを刺すタイミングだ。全力で売り込みをかけよう。

この「魔法の瞬間」を確実に奏功させ、取引を成立させるには、相手が抵抗できない売り込み文句を並べなければならない。ライアンは長い時間をかけてタッドと交流を深め、互いのことを知り、信頼関係を築いた。そして、タッドにとっては自由な生活と教育のチャンスこそがなにより重い意味をもつことを知った。

もしかするとほかのターゲットは、協力すれば大金がもらえる、贅沢な生活ができると思ったときに、協力する気になるかもしれない。このように、どんな売り込み文句に魅力を覚えるかは、人によって異なる。世間には「完璧な売り込みをするには、これこれ、こういう話し方をすればそれでいい」と、ノウハウばかりを教え込もうとする専門家がいる。

だがスパイの世界では、相手が変われば、売り込み文句もプレゼンの仕方も変わってくる。「母国を離れてもいい」と相手に思わせるほど強力な売り込みをするには、次の点に留意しよう。

真価を伝える

あなたが提供するものによって、真の意味で相手が得るものはなんだろう？　わが社の講座では、その場で間に合わせにつくった武器を利用する護身術から、人間ウソ発見器になる方法まで、多様なテクニックを伝授している。

「突きつめて考えれば、弊社はみなさんに安全と安心感をもたらすツール、生き延びるために他人に頼らずにすむツールを提供しているのです」

こんなふうに説明すると、相手はたいてい乗り気になる。ところが、いくら弊社には「身の安全のための講座」がありますと説明したところで、そんな月並みな表現ではわが社のサービスの真価は伝わらない。

世間の営業マンはよく紋切り型の売り口上を並べるが、そんなものはまず失敗に終わる。いっぽう、独自の売り込み文句を考えだせば、あなたのターゲットは、このサービスによってどれほど日常生活をスムーズに送れるようになるのか、あるいはビジネスの手法が改善されるのかを明確に把握できるようになる。

もっとも強く望んでいること、深く懸念していることを把握する

なんの制限も受けずに、自由に知識を吸収したい。タッドがそう望んでいることが、ライアンにはわかっていた。なんといっても、タッドは骨の髄まで学者なのだ。そこでライアンはその願望を利用し、こちらの提案を受けいれてくれれば、タッドには輝く未来が待っていると説明したのである。

たとえば、あなたの製品やサービスの価格が高く、先方が購入に二の足を踏んでいるとしよう。その場合、相手はどんなものに恐怖を覚え、どんなものに強い願望をもっているのかを把握し、それを利用しよう。

証拠を示す

ライアンはタッドに、あなたの専門知識をアメリカ合衆国のために活用してほしいと、言葉を濁すことなく、単刀直入に頼んだ。

当然のことながら、ビジネスではリスクが高いやり方ではある。だが、そのリスクはとんでもなく高いわけではない。もし、タッドが不安だという気持ちを明かしたら、ライアンはこれまでの前例を説明し、かならず成功するという証拠を示し、安心させようとしただろう。自由のきかない生活を送っていた科学者が完全な自由を手に入れた例をざっと説明するのもいい。

たしかにデータや事実は重要ではあるけれど、実話や体験談の力を過小評価してはならない。人間はたいてい自分と似たような状況に置かれた人の体験談を聞くと、気持ちを動かされるものだ。

成功例を説明すれば、ターゲットを「魔法の瞬間」へと進ませる役に立つ。

似たような考え方をもっているコミュニティーの一員だと思わせる

人間は仲間とのつながりを求めるものだし、前向きな人たちと交流したいと思うものだ。だから売り込みをするときには、似たような経験をした人たちの情報を教え、もっと大きなコミュニティーの一員だと思わせよう。そのためには、あなたの製品やサービスを購入して恩恵を受けた人たちの話をするといい。

「わが社のサービスには社会的な意義があるのです」と説明するのもいい。

たとえばライアンはタッドに対して、あなたがアメリカで暮らすようになれば高名な科学者として尊敬されるでしょうし、その高度な専門知識にふさわしい報酬が得られるでしょうと説明した。

私がわが社のサービスを売り込むときには、社員全員がスパイの技術を身に付ければ、御社全体の力が増し、社員自身の命も救えるようになるのです、と説明する。

それに社員全員にこのサービスを提供すれば、社員一人ひとりが安心感をもって仕事ができるようになるうえ、訓練中は社員同士の絆を強めることもできます、と付け加える。すると最終的に、社員のみなさんは自分がコミュニティーの一員であることを実感し、以前より自信がもてるようになるのです、と。

SADRサイクルでサービスを売り込む方法

ここではっきりさせておく。私は諜報員として身に付けたスキルを悪用し、人をだましたり、人を操作したりする真似はけっしてしない。そもそも、そんな真似をすれば逆効果だ。私の目標は相手と信頼関係を築き、誠実に仕事をし、ビジネスを展開することにあるのだから。

とはいえ、諜報員のスキルを活用すれば、もっと賢く、もっとすばやく仕事をこなせることも自負している。実際、しばらく前に何回かテレビ番組への出演をはたし、そのおかげで社の売上を急上昇させることに成功したあと、私はハタと思いあたった。そうか、テレビ番組に出演する方法をほかの人にコーチングすることもできるじゃないか、と。自分のやり方でうまくいったのなら、だれがやってもうまくいくのかもしれない。

すると、この方法に関心をもっている人が大勢いることがわかった――テレビ番組に出演したい人は山ほどいるのだ！　だが私としては、ひやかしの客相手に貴重な時間を浪費したくなかった。本気のクライアントだけをふるいにかけなくては。

そこで次に、コーチングのクラスを受講する見込みのあるクライアントのなかから本気の人を選びだすことにした。まず、コーチングのクラスの受講希望者にアンケートを用意し、いくつかの質問に答えてもらった。それから受講者を、年間、最低25万ドルの売上をだしている起業家に絞った。そのうえ、ポルノ、タバコ、アルコール関連の業種も除外した。さらには、一度に受講できるクライアントは7人までとし、電話での指導の予約には100ドルの手付金を用意してもらった。

そのうえで、こうした資格をすべて満たしたクライアントにだけ、予約可能な日程を伝えた（おまけにコーチング講座は水曜日にしか実施していなかった）。

すると、実際に私が顔をあわせたときには、どのクライアントもそれまでにわが社のほかの講座を受講していて、いよいよ私から指導を受けられると胸を高鳴らせていた。

誤解のないように言っておくが、私はわが社のサービスに排他的な雰囲気をもたせたかったわけではない。ただ貴重な時間をムダにせずに、ひやかしの客を除外したかっただけなのだ。

▼「シャーク・タンク」での資金獲得から学んだこと

私はあまり社交的な性格ではないし、多くの諜報員がそうであるように、内向型でもある。だから、まさかこの私がリアリティ番組「シャーク・タンク」に出演し、数百万の視聴者が見ている全国放送でわが社のビジネスを売り込むことになろうとは夢にも思っていなかった。

私は自分の分《ぶ》が悪いことを承知していた。「シャーク・タンク」で資金を獲得する人の85%は「製品」を売り込んでいる。いっぽう、私は「サービス」を売り込む残りの15%に入っていたからだ。わが社のトレーニング講座には大きな価値があることはわかっていたものの、投資する価値があるかどうか審査するシャークの面々に「投資する価値あり」と納得させる必要があった。

そこでまず、事前にとことんリサーチをした。手始めに、シャークの面々の著書を1冊残らず読破した。著書はたくさん刊行されていたから、読破するまでにはだいぶ時間がかかったが、この千載一遇のチャンスを逃すつもりはなかった。投資家たちは相当長い本を書いていたから、そうした本を読むのは各自のビジネスの手法を知る貴重な手段となった。

私はまた、できれば投資家たちの性格も知っておきたいと目論んでいた。こうしてリストに並んでいた著書をすべて読破すると、こんどはネットを検索し、シャークが寄稿した記事やシャークに関する記事を片っ端から読みはじめた——おかげで、各投資家に関する知識をいっそう深めることができた。

なかでも私が関心をもったのは、投資家のひとり、デイモンド・ジョンだった。彼には大規模に講演活動を展開する人たちとコネがありそうだったからだ。このコネを利用できれば、わが社のビジネスは飛躍できるかもしれない。

そこで私はデイモンドに「狙いを定める《スポッティング》」ことにした。そして私のビジネスを彼にアピールするかどうかを判断するために、彼のことをもっと「評価する《アセッシング》」必要もあった。するとついに、彼が農場と数百エーカーもの土地を所有していること、アウトドア好きなことがわかった。いい兆候だ。彼なら私の売り込みに耳を傾けてくれるかもしれない。

最後に、テレビ番組自体に関しても詳しく調べた。これまで放送された「シャーク・タンク」のすべての回を視聴し、シャークたちがどんな質問をするのか、メモをとった。シャークたちがどんな返答に嬉しそうな顔を見せるのか、またどんな返答に渋い顔をするのかも観察した。シャークたちのボディーランゲージも分析した。さらには、その製品を気に入ったときに見せた表情や、オファーをしようとしたときの反応も記憶した。その反対に、製品を気に入らないときやオファーから降りたときの反応も頭に叩き込んだ。そのうえ、シャークたちが出演したことがあるテレビ番組のインタビューまですべて視聴した。

あるインタビューで、デイモンドがふと高名なマーケティング専門家の名前を口にした。よく一緒に仕事をしているという。私はたまたま、そのマーケティング専門家のことを知っていた。何年か前に、親切なメールをくれたことがあったのだ。

よし、このコネは使えるぞ。そう考えた私は「シャーク・タンク」に出演する前の日に、そのメールをプリントアウトした。そして翌朝、着替えを終えると、その紙を半分に折り、スーツのポケットに入れた。この情報を利用して、デイモンドとの信頼関係を深めようと考えたのだ。

番組に出演すると、私は45分ほどプレゼンをしたり、質問に答えたりした。するとデイモンドから、きみの経営手法を教えてくれと言われた。事前にリサーチをすませていた私は、いまこそ秘密兵器をもちだすタイミングだと判断した。そこで上着のポケットからメールのコピーをとりだした。

「デイモンド、私はあなたの知人の方を存じあげています。ここで、彼が送ってくれたメールの内容を読ませていただきます」

そう言うと、私はメールの内容を読みあげた。すると、デイモンドのボディーランゲージにすぐに変化が見られた。

これこそ、私が待ち望んでいた突破口がひらけた瞬間だった。それと同時に、これで資金を獲得できると、私は確信した。自分の目標達成のために、デイモンドの「勧誘」に成功したことがわかったのだ。

すると、その後の数分間、案の定デイモンドのほうから、きみは私と組むべきだという売り込みが始まった。きみは私と組むのがいちばんだ、ふたりで協力すれば最高の成果をあげられるだろう、と。しばらくすると、彼はもとの「シャークモード」に戻り、強面《こわもて》を演じはじめたが、私は気にしなかった。彼を射止めたことがわかっていたからだ。

結局、デイモンドのほかにも、もうひとりの投資家が私にオファーをしてくれた。そして私はめでたくデイモンドと契約を結んだ。おかげでわが社は大躍進を遂げられたのである。

SADRサイクルを新たな秘密兵器にする

SADRサイクルを適切に活用すれば、多大な時間を節約し、サービスを本気で買う気がない人たちを見きわめられるようになる。この手法を実践すれば、完璧な顧客を割りだし、避けたい相手を選別できるようになるのだ。ライアンがタッドのために自由を提供し、新たな人生を用意してみせたように。

▼手を引くタイミングにも注意する

SADRサイクルはすばらしいツールだ。ぜひみなさんに活用してほしいと願っているが、ひとつ、かならず注意してもらいたい。**作戦がうまくいかないと思ったら、スパイはすぐに相手との関係を断つ。**そのタイミングを、スパイは正確に把握しているのだ。

このままでは取引がうまくいかないという兆候をとらえたら、スパイはすぐにSADRサイクルを中止する。たとえばターゲットが正直ではない、分別に欠ける、信頼できないという兆候に気づいたら、即座に中止の判断をくだすのだ。あなたもこれと同じような兆候に気づいたら、はたしてこのまま前進するのが得策なのかどうか、疑うべきだ。

スパイはつねに勢いを維持しなければならない。とはいえ、当然のことながら、ビジネスの場では取引が暗礁に乗りあげ、身動きできなくなってしまうこともある。そこで勢いがとまってしまい、もう二度と動きだせなくなってしまったら、ほかのターゲットにエネルギーを向けることを考慮するほうが賢明だ。

第5章

生産性を最大化する人間関係のつくり方

SADRサイクル「パート5」――「引き継ぎ」をおこなう、または「完了」する

件名　プロジェクトQ
日付　20〇〇年、9月25日
宛先　XXXX　XXXXXXXX
送信者　ライアン・ジョーンズ

RE：#3123（タッド）に関する引き継ぎの件

各位
タッドとご家族は、アメリカでの生活になじんで暮らしています。ご長男は父親と同様に優秀で、来春にはマサチューセッツ工科大学を卒業予定。タッドの研究はアメリカ合衆国の安全保障に重要かつ必須の貢献を続けています。
〈プロジェクトQ〉に対して、タッドが忠実に、誠心誠意、尽力していることを私は確信しています。われわれは腹心の友となりましたし、本ミッションは関係者全員にとって大きな成果となりました。帰化したわが国に、タッドはまちがいなく忠誠心をもっています。
この時点で、タッドを新たな工作担当官《ケース・オフィサー》への引き継ぎを実施することを、関係者各位に報告する次第です。引き継ぎはすみやかに実施いたします。

ライアン・J・ジョーンズ

■ライアンのストーリー「パート5」
タッドの自宅に向かって車を走らせていると、こみあげてくるものがあった。これで会うのは最後だと思うと、つい感傷的になってしまう。タッド一家はボストン近郊の小さな町の住宅街に清洒《せいしゃ》な新居を構えていた。お子さんたちは学校生活を謳歌していたし、奥さんは地域で友だちをつくり、執筆活動まで再開していた。息子さんのひとりはバスケットボールに夢中になり、学校のチームで活躍していた。一家にはまさに順風満帆の人生がひらけていて、こうしたチャンスの場を用意できたことを、私は嬉しく思っていた。

上官たちはこのプロジェクトにおける私の仕事ぶりを高く評価してくれたが、私は新たな任務のため中東に出発しなければならず、どのくらいの期間、向こうに滞在することになるのか予測がつかなかった。そろそろ、タッドの引き継ぎをする頃合いだった。

協力者の担当の引き継ぎをしたり、協力者との関係を完了したりするのは、けっして楽しい作業ではない。それでも私はどの協力者とも独特の関係を築いたと自負している。協力者たちはわが政府になんらかのサービスを提供し、その見返りに、望みのものを手に入れた——そして私はその計画で仲介役をはたしたのだ。だからといって、その人物の安定した幸福な生活をかえりみないわけではない。それどころか、私は心から気にかけている。

私がこの仕事を通じて幸運にも知己を得た人たちのなかで、タッドは群を抜いて聡明だった。そのうえタッドはやさしく、親切で、巧みな話術の持ち主だった。だから彼と会ったあとは、さまざまな情報を得られたという気分になったし、生涯の友と充実した時間をすごしたように満ち足りた気分になった。

だから、あなたの担当を後任者にバトンタッチすることになりますと、これから伝えることになるのだと思うと、気が重かった。そして過去の経験から、このプロセスがスムーズには運ばないこともわかっていた。

すがすがしい空気が広がる晩秋の午後、私が自宅を訪ねると、タッドはセーター姿でポーチの椅子に座っていた。こちらの姿を認めると、私をハグし、背中を軽く叩いてくれた。私たちは室内に入った。ロシアの家とは違い、タッドの新居は暖かく、居心地がよかった。タッドがこの家に落ち着いてから最初に着手したことのひとつは、本の収集だった。リビングに大きな本棚をつくり、時間をかけて好みの名作を集めていったのだ。

私はソファに腰を下ろしたものの、口が重かった。

「どうかしたのかい?」と、彼が尋ねた。

「落ち着かないようすだね。身体の調子が悪いんじゃないといいが」

私は顔を上げ、身を乗りだし、口をひらいた。

「じつは、きょうはお話があってうかがいました。それが、とても申しあげにくいことでして」

タッドが不安そうな表情を浮かべた。

「待ってくれ。まさか私たちを送り返すっていうんじゃないだろうね？　そんなことはありえないと、約束したじゃないか！」

私は即座に、そんな話でお邪魔したのではありません、と否定した。

「いいえ、そうじゃありません。その点ではいっさいご心配になる必要はありません。お約束します」

タッドがほっと吐息をついた。

「すまない。きみを疑ってはならなかった。とにかく、なんの話か教えてくれ」

「タッド、私は次の任務のために、国外ですごすことになりました。それが、きわめて長期にわたる予定なんです。そこで、あなたの担当を後任者に任せることになりました」

タッドは混乱したような表情を浮かべたが、もうそれほど怒ってはいなかった。

「私はあなたの担当官から外れることになります。すぐに、同僚が引き継ぐ予定です。こんど、いつあなたとお目にかかれるのか、わかりません。恐縮ですが、どうぞご理解ください」

タッドは椅子に深く座りなおし、両手をこすった。

「残念だ。突然の話で、どう考えればいいのかわからないが、了解した。うちの家族にきみがしてくれたことに、私は一生、感謝の念を忘れんよ」

私は立ちあがり、「ほんの気持ちですが」と言い、小さな包みをとりだした。なかにはヘイガーというブランドの腕時計が入っていた。それは発売当時、CIAの職員しか入手できないモデルだった。

「あなたはいま、アメリカ人です。この腕時計を着けて、どうぞお元気でおすごしください」

タッドはプレゼントを見ると、微笑んだ。アメリカに移住してから、彼の腕時計のコレクションはぐんと増えていた。

「じきに、新たな担当官から連絡があるはずです。これからはぜひ、彼を頼りにしてください」

私はタッドと奥さんとお子さんたちに別れを告げた。それから車に乗り、ハンドルを握った。タッドが手を振っているようすがバックミラーに映った。私は胸のうちで祈った。ご家族がここアメリカでずっと安全に、幸せに、暮らしていけますように、と。

さて、もうみなさんは、SADRサイクルが4つの要素で構成されていることをおわかりになっているはずだ。だが、私の同僚たちなら、じつはパート5もあるんですよと、耳打ちするだろう。

それは「引き継ぎ」をおこなう、または「完了」することだ。

作戦中に築いた人間関係は例外なく、いつかは完了しなければならない――宙ぶらりんのまま放っておくことなどないのだ。

工作担当官は、いずれ次のミッションに取り組まねばならない。そうなったら、勧誘した協力者との関係をどうするか、決断しなければならない――引き継ぎをおこなうのか、それとも完了するのかを決めるのだ。とはいえ「完了」するとは、協力者を殺害することを指すのだろうと思われているのなら、それは大きな誤解だ。

諜報に関わる人間は、絶えず作戦について評価を続け、協力者の情報にまだ価値があるかどうかを判断している。価値ありと判断すれば、その協力者の担当の引き継ぎをおこない、後任者へ受け渡す。たしかに、協力者と信頼関係を育むのは作戦においてもっとも困難な部分だが、それはもう終わっている。だから、こんどは引き継いだ担当官が自分なりの関係を協力者と育んでいくことになる。だが協力者がこれまでの担当官にあまりにも慣れ親しんでいると、新たな担当官を簡単には受けいれることができない。

「こんどの担当官も、自分と家族の安全と平穏な生活をかならず守ってくれる」と、確信しにくくなるからだ。

いっぽう、協力者にはもう価値がないと判断した場合、その関係は「完了」する。つまり離別をするわけだが、その際は細心の注意を払って対処する。相手の感情も考慮し、慎重を期すのだ。なにしろ協力者は「あなたの情報にはもう、こちらが報酬をだすだけの価値がない。よって、関係を完了する」と明言されるのだから。

当然、そうなれば協力者が激昂し、諜報員の正体を暴露するおそれもある。このように、引き継ぎは深刻な問題を引き起こしかねない。

▼顧客の情報は資産そのもの

新たな担当官に引き継がれた結果、協力者が「自分は軽視されている」「裏切られた」と感じた場合、深刻な問題が生じるリスクはこのうえなく高まる。このように引き継ぎはきわめて困難なプロセスであるからこそ、細心の注意を払わなければならない。

私自身、諜報員の訓練を受けていた頃にはまったく自覚していなかったが、いまはよくわかる。当時の私が顧客管理に関して、このうえなく貴重なレッスンを受けていたことが。

たとえ大企業であろうとスモールビジネスであろうと、経営者はついなんでもかんでも自分で仕切ろうとしがちだ。最大かつ最高の顧客には確実に敬意をもった対応をしたいし、経営者本人から大切にされていることを実感してほしいと思うのだ。と同時に、ビジネスを成長させるには、継続して顧客の数を増やさなければならないことも承知している。CEOや社長もまたスパイのように考える必要がある――これに失敗すると、そこで前進はとまってしまう。たったひとりの人間が重要なクライアントや顧客との関係をすべて管理するのは、まず不可能だ。

アメリカ合衆国は世界各地に諜報員を潜入させている。そして、各地の諜報員はつねに情報を収集している。ところがビジネスマンは、自分たちのもっとも重要な資産、すなわちクライアントや顧客の情報を継続して収集する努力を怠りがちだ。

私が諜報の訓練で学んだもっとも貴重な教訓は、**自分もチームも情報で武装するからこそ、クライアントや顧客の担当を後任者にスムーズにバトンタッチできる**ということだ。すると時間に余裕ができ、社を新たな高みへと成長させることもできる。

わが社では、顧客関係の引き継ぎを実施する前に、かならず後任者にその顧客の押さえどころを注意深く説明するようにしている。この2段階のプロセスがあるからこそ、クライアントに満足してもらえるうえ、後任者も最善を尽くせるようになる。

その結果、最高の顧客に以前より高額な商品を購入してもらったり、繰り返し購入してもらったりする機会を生みだせるのだ。

▼相性がよさそうな後任者を選ぶ

クライアントを新たな担当者にバトンタッチする際には、とにかく慎重を期す。チームのなかでいちばん時間に余裕があるから、あるいは経験のあるベテランだからといった理由で、安直に後任者を選んではならない。もう一歩踏み込んで考えるのだ。意気投合しそうなのはだれか、共通点が多いのはだれか、性格があいそうなのはだれか。

たとえば、引き継ぎをする顧客が控えめで無口な人である場合、後任者には活気にあふれたよくしゃべるタイプの社員を選ばないほうがいいかもしれない。

あるいは、その顧客が世話が焼けるタイプで、こちらも辛抱強く相手をしなければならない場合は、そうした接客が得意な社員を後任者に選ぼう。

ここで強調しておくが、スパイの世界では、引き継ぎにおいて関係者の数が少ないほど、そのプロセスがスムーズに進む。というのも、スパイと協力者にはマンツーマンの関係しかないからだ。当然のことながら、ビジネスの世界でこれを例外なく真似るのは無理だろうが、一対一の人間関係からは学ぶべきものがある。あくまでも個人的な、シンプルな人間関係を結べば、大きな成果をあげられるチャンスが生じるのだ。

▼後任者に期待する成果をすべて明記する

なにを期待されているのかがわからなければ、後任者は期待に沿うことなどできない。よって、スパイはミッションのあらゆる局面で予想される事態の概要を明記しておく。この局面ではなにをすべきなのか？　どんな情報が有益であり、活用できるのか？

私の場合、新たなクライアントを部下に任せるときには、どんな成果を期待しているのかを詳細に伝えている。たとえばある顧客から3カ月以内に大口注文が見込めそうな場合は、後任者にその旨を伝えるのだ。どんな値引きをすればいいのか、どんなことを請けあえばいいのか、どんな問題が生じそうか……。

結局のところ、営業で最後にモノを言うのは、上質の顧客サービスなのだ。そしてそれは、担当者が自分に期待されている業務を明確に把握しているからこそ可能になる。

わが社では「顧客面談シート」なるものを作成し、詳細な記録を残している。顧客とのやりとり、顧客の詳細な情報、寄せられたクレーム、生じたトラブルなどのデータは、顧客維持において、はかりしれない価値がある。

▼顧客に関する情報を後任者に詳しく伝える

ライアンとタッドの例を見ると、ターゲットのことを熟知するために、諜報員がどれほど尽力するかがよくわかる。私自身、顧客との信頼関係の維持や発展に力を抜くことはない。顧客がなにを望み、なにが必要だと感じているのか、あるいはどんな生活を送っているのかを、つねにさぐっている。

たとえば4歳の子をもつ母親と大学に通いはじめたばかりの若者とでは、興味をもつ製品がまったく異なるだろう。だからライアンがタッドのことを深く知ろうと努力を重ねたように、私はつねに、どうすれば顧客の購買意欲を高め、購入の決断をくだしてもらえるのかを突きとめようとしている。

顧客がどのような日常生活をすごしているのか、その最新情報を把握するには、まず善良な人間として接し、顧客の役に立つための態勢をととのえておこう。諜報の世界と同様、手元の情報が多ければ多いほど、スムーズに作戦を進めることができるのだから。

▼データの記録を習慣化する

幸い、私はすばらしいチームと働けているし、部下のことを心から信頼している。それでも、顧客がなにを、いつ、購入しているかだけでなく、顧客がいまどんな状態にあるのかについても、かならず詳細な記録を残してもらっている。赤ちゃんが誕生した、転職したなどの変化があれば、すぐにその情報を入手したいのだ。

そうすれば、顧客の要望に最高のかたちで応じられる。

たとえばライアンのような諜報員はターゲットと会ったあと、毎回欠かさず面談レポートを作成したはずだ。わが社でも、まったく同じシステムを活用している。カスタマーサポートの担当者と顧客が接触するたびに、レポートを作成する。そして社内の人間はいつでもその情報にアクセスできるようにしているのだ。

だからといって、顧客の個人情報のあれこれをさぐりだすのが目的ではない。

ただ「トマス・スミス氏はゴルフが大好きで、年に数回、ゴルフコンペにも参加している」ことがわかれば、それを記録に残しておく。そうすれば、こんど、社員のだれかがスミス氏と話すときには、最近、ゴルフでどこかに遠出なさいましたかと、話を振ることができる。きわめて簡単な手法ではあるが、これは効果バツグンで、**顧客は自分が特別扱いされたような気分になる。**

「引き継ぎ」は信頼を得るチャンス

ある顧客の担当を後任者に任せると決めたとしても、今後もその顧客が最高のサービスを受けられることを、私は確信している。だが、新たな後任者への引き継ぎをスムーズにおこなわないと、顧客との信頼関係にひびが入るおそれがある。しっかりとしたサポートを変わらずに得ていると顧客に実感してもらうには、下記のステップを踏むといい。

1. 紹介する

引き継ぎをする前、または最中に、顧客に連絡を入れ、取引させていただいていることをどれほどありがたく思っているかという謝意を伝える。そして、この顧客といちばん相性がいいのはリサだろうと判断したら、後任者として彼女を紹介させていただくのを心待ちにしております、と先方に伝える。そして、リサが有能であることを示すちょっとした逸話も紹介する。そしてリサにはこんな長所があり、こんな独特の資質もあるので、彼女が担当を務めるようになれば、かならずご満足いただけますと保証する。

さらには、慎重に後任者を選んだこと、ただ余力がある社員を選んだわけではないことも明確に伝えたいところだ。また、リサが直接、顧客と面談できる機会をかならず設ける。ただし、あなたのビジネスの性質や経費の問題も考慮して、メールや電話を活用すればそれでいいのか、あるいはやはり直接顔をあわせるべきなのかを検討しよう。

2. 経営者みずからが連絡をとり、近況を尋ねる

もちろん、社員に安心して仕事を任せられることは、私も重々承知している。とはい

え、大口の顧客には折に触れ、私自身で近況を尋ねるようにしている。定期的に経営者みずからが連絡をとり、いつもありがとうございますと謝意を伝え、近況を尋ねるのだ。これは、あなたがその顧客を大切に思っていることを効果的に伝える方法だ。

こうした誠意あるささやかな交流の重要性は、ネット取引が多くなればなるほど、つい見すごされてしまう。だが顧客サービスにおいては、一対一の人間らしい交流の効果をけっして過小評価してはならない。

本気ではない関係は「完了する」

次に紹介するマグダとピーターのストーリーは、スパイの世界で人間関係がうまくいかなくなるとどんな事態におちいるのかを、よく示している。

「マグダ」は非常に聡明な女性だったが、のちに、きわめて危険であることが判明した。私が彼女に目をつけたのは、X大学の研究者や教授が大勢住んでいる地域の一角にあるカフェだった。そのあたりは閑静な住宅街で、どの通りにも歴史を感じさせる美しい建物が立っていた。マグダは中東で生まれたが、アメリカのマサチューセッツ工科大学で教育を受けていた。本部のアナリストから入手した情報によれば、彼女のｘｘｘｘｘに関する特殊な知識は生物兵器の新たな開発に活用できるという。そこで私はしばらく彼女を注意深く観察したあと、彼女と知りあい、時間をかけて信頼関係を築いていった。

まず、学者が集まるパーティーにツテを利用してもぐり込み、第三者を通じて彼女を紹介してもらい、また会う約束をとりつけた。その後も計画は順調に進み、アメリカ政府にとって彼女はまさに貴重な協力者となるであろうと思われた。その後も数カ月ものあいだ、町のカフェやレストランなどさまざまな場所で彼女と会った。

すると、自分のxxxxに関する知識がなんの罪もない市民へのテロ攻撃に悪用されるのではないかと、彼女が懸念していることがわかった。そして彼女は「自分の知識をアメリカ合衆国政府が活用してくれるのであれば、そのほうが安心できる」と、心情を吐露した。

ある日、彼女のオフィスのそばにある博物館で会おうと約束をした。ところが、約束の時刻になっても、彼女は姿を見せなかった。そのうえ、なにか問題が起こったら送ると事前に決めてあった合図もいっさい送ってこなかった。だからまず、私は心配になった。

私は彼女に特定のルートを通って監視されているかどうかを確認するように指示していたし、私自身は尾行されていないと確信していた。

だが、マグダは私と同じように慎重を期したのだろうか？

だれにも監視されていないことを再確認すると、私は自分の部屋に戻り、事前に決めておいた合図を使って彼女に連絡を入れた。彼女はすぐに応じた。いまどこにいるのかと尋ねると、彼女は口ごもり、バタバタしていたのと言い訳を並べた。

私は彼女との取り決めのなかで、万が一、意思に反してとらわれの身となった場合は「在職」という暗号を使うように伝えていた。ところが、彼女はその暗号を口にしなかった。つまり、彼女はただ約束をすっかり忘れていたのか、私と会いたくなかったことになる。私は自問せざるをえなかった。

彼女はわれわれの理念に本当に共鳴を覚え、貢献する気があるのだろうか？

そこで私は「あしたの朝、きみと会う必要がある」と伝え、落ちあう時刻と場所を決めた。

翌朝、約束の場所にあらわれたマグダはどこか動揺しているようだった。「在職」が心配なのかと、私は尋ねた。それはつまり「何者かに脅されているのか」という意味だ。

ところが、いいえ、そんな心配はしていない、と彼女が応じた。ただ忙しかっただけ、と。そして慌ててコーヒーを飲むと、もう行かなくちゃと言った。私は少しばかり失望した。おそらくマグダは今後の行動を考えなおしたのだろう。これまでにも、彼女の行動には責任感が足りないところが見うけられた。だが、日和見《ひよりみ》的な態度をとる協力者ほど危険な存在はない。

私は自分の部屋に戻り、またマグダと会う時刻と場所を設定した。そして彼女に電話をかけ、会ってほしいと伝えた。ところが彼女の口調からは、私と会うのをためらっているようすがうかがえた。きわめて重要な話があるのだと、私は伝えた。

そして約束のレストランに彼女がやってくると、私は椅子に深く座りなおし、真剣な表情を浮かべた。彼女は私のようすに気づき、「どうかしたんですか?」と尋ねた。私は身を乗りだし、きみの協力はもう必要なくなったと、穏やかな口調で説明した。すると、彼女がおびえたような顔をした。

「私、なにか悪いことしたんでしょうか?」

私は彼女の顔を見て、誠意をこめてわずかに微笑んだ。

「マグダ、なにも心配しなくていいんだよ。これまで、ありがとう。だがきみの協力はもう不要だ」

そう言うと、私はテーブルに現金を置き、レストランの外にでた。マグダを失い、残念だった——が、本気で任務に取り組まない協力者はリスクが高すぎる。新たなターゲットをさがさなければ。

▼「お客さまは神さま」とはかぎらない

マグダには責任をもってこちらに協力しようという気がない。いったんそう判断したら、ピーターには彼女を手放す選択肢しか残っていなかった。

人間関係を育むプロセスには長い時間がかかる。よって彼女の勧誘の失敗は、ピーターにとって大きな痛手となる。だが、どっちつかずの態度を示すやる気のない協力者と一緒に働こうものなら、他国政府やほかの諜報機関にいつ情報が漏れてもおかしくないというリスクを負うことになる。そのため、命令に従わない協力者とは即刻、関係を断つ。挽回のチャンスは与えない。

私はなにも、職場でも挽回のチャンスを用意すべきではないと言っているわけではない(だれだってミスは犯すものだ)。ただ、**クライアントが礼儀に欠けていて、仕事に悪影響を及ぼしている場合、あなたの貴重な時間と労力を節約すべき**だと言いたいだけだ。

たとえば、ある友人は悪質なクライアントについて、これまでさんざん私に愚痴をこぼしてきた――無礼で口汚く、大声でわめきたてるうえ、非常識な要求を突きつけてくるくせに、けっして満足しないという。

それなのに、こうしたタイプの相手を満足させようと懸命に努力する人のなんと多いことか。その甲斐あって、ほんの数日間、せいぜい1週間程度は、相手の怒りをやわらげられるかもしれない。だが、その後はまた同じことが繰り返される。

だから明言しておきたい。

「顧客がつねに正しいとはかぎらない」と。

「お客さまは神さま」とはかぎらないのだ。

もし、無礼な態度をとり、暴言を吐き、気難しく、しょっちゅう騒ぎを起こしているのなら、そんなクライアントとは即刻、関係を断つべきだ。諜報の世界では、腐った卵はすぐに処分される。よって、私はビジネスでも同じルールを適用している。おそろしく手のかかるクライアントには、たとえ少額であろうとカネを費やす価値などない。

そんな迷惑な人間に費やしている資源と労力を計算してみよう。そうすれば、そんな輩《やから》にかかずらう価値などないことがわかる。

時間、労力、そして個人の幸福。それがあなたにとってもっとも貴重なものだ。だから、そうした貴重なものを、新たなクライアントの発掘に向けよう。許容できる範囲のふるまいをする相手を見つけるのだ。

自分の価値観を信じ抜く

会社を立ちあげた頃、私はＣＩＡでの安定した職を捨てたばかりだった――それまでは毎月、給料がもらえていたし、手厚い福利厚生にも恵まれていたのに。

起業家ならご存じだろうが、ゼロから事業を立ちあげるときにはとんでもないスリルを味わうと同時に、不安でたまらなくなる。こんど、いつ給料がでるのか見当もつかないからだ（ひょっとすると、もう給料がでることはないのかもしれない）。

こんなとき、意思決定のプロセスで未知なるものへの恐怖に支配されようものなら、あなたはカネを基盤に選択をすることになる。そうなれば、面倒な相手だとわかっている知人からの仕事を引き受け、スタッフ全員を苦しめる結果を招きかねない。それもこれも、「大口の客だから」という理由を優先したせいで。

ＣＩＡの場合、入局した新人はかならず宣誓をしなければならない。研修の最初の1週間が終わると、次の1週間はバージニア州ラングレーにあるＣＩＡ本部に連れていかれ、ほかの新人と一緒にすごすことになる。そして全員が次の宣誓をおこなうのだ。

「私（〇〇）は、国内外を問わずすべての敵からアメリカ合衆国憲法を守り、支持し、心から信頼し、忠誠を尽くすことを誓います。またいかなる心裡《しんり》留保《りゅうほ》や忌避の意図なく、今後、みずからの意志で本局での職責をまっとうすることを誓います。神よ、ご加護を」

ＣＩＡの諸兄姉と同様、私も真剣そのもので宣誓をおこなった。いっさいの疑問を差し挟まず、アメリカ合衆国を敵国から守る職務に就くことを誇りに思ったものだ。そして起業を思い立ったとき、私は自分の核をなす価値観（コアバリュー）と信条を書きだし、自分自身と社員全員に厳守させることにした。このとき定めた社の信条はいまでも額に入れ、オフィスに飾ってある。自分がなにを目標にしてこの会社を立ちあげたのか、いつでも思い起こせるようにしたのだ。

そこには、こう記されている。

わがサバイバル企業のミッション
すべてのアメリカ人に、
家族を守り、みずからの自由を守り、
神を信じる準備をととのえてもらう。

私たちの価値観
・お客さま一人ひとりと、自分の家族であるかのように接する。
・他人がどう言おうが、どう考えようが、つねに正しいことをする。
・すべての取引において、誠実かつ高潔な仕事をする。
・安息日を守り、日曜日には働かない。
・下品な物言いをしない。口うるさくしない。
・臨機応変に対処し、けっしてあきらめず、どれほど困難であろうと最後までやり抜く。
・粉骨砕身して事にあたり、最善を尽くす。
・お客さまの身の安全をもっと確実にする方法をつねに模索する。

諜報員はアメリカ国民の安全を守るために、日々、リスクを冒している。というのも、アメリカを守ると宣誓したからであり、この誓いを真剣に受けとめているからだ。これはビジネスにおいても重要だと、私は考えている。だからこそ、自分が立ちあげたベンチャー企業に関しても、自分の価値観と信条を尊重しているのだ。

先日、わが社の信条をまっとうできるかどうかを試される場面に直面した。ある顧客がスパイ・トレーニング講座の上級コースに申し込んだ。その講座の受講料は他社のそれと比べると、だいぶ高く設定してあった。その顧客は、弊社のウェブサイトでさまざまなサバイバルグッズを購入し、相当の代金を支払ってから、その講座の受講を申し込んでくれた。当然のことながら、彼の受講申し込みに、われわれは喜んだ。

ところが、そこから事態は一転した。

彼は過剰な要求を始め、スタッフに怒鳴りちらし、メールに対する返信が数分以内にこないと激怒した。つまり、彼は手がかかる、不快な人間であることが判明したのである。そこで私は迷うことなく彼にメールを送り、弊社へのご愛顧に謝意を述べたあと、貴殿のふるまいにより、弊社での受講はご遠慮いただくことになりましたと、冷静に説明した。そして、数千ドルの受講料を払い戻した。彼は驚愕したようだった。

私が彼へのメールを送信し、目の前のパソコンから視線を上げると、壁に掛けられているわが社の信条が見えた。たったいま、自分はわが社と社員のために正しいことをしたのだ。そう実感したのだった。

［スパイの裏ワザ］

■ 自分のミスを認め、責任を負う

作戦でなにかが計画どおりにいかなかった場合、なにが起こったのであろうと、実際にはほかの人間の失敗であろうと、担当の諜報員が全責任を負う。

同様に、弊社の社員が注文をまちがえたり、ミスをしたりして顧客が怒っている場合、その全責任は私が負う。顧客の怒りをなだめ、事態の収拾をはかるために、私が責任をもって全力で対処することにしている。

私は諜報員として受けた訓練を通じてビジネスについて学んだことをお伝えできることを誇りに思っているが、だからといって、読者のみなさんそれぞれの善悪の基準をお教えすることはできない。それはあくまでも個人的な問題であり、なにを基準にするかという個人の選択によるからだ。だが、ひとつだけ助言させてもらいたい。

「**手のかかる顧客に関してはいっさい譲歩しない姿勢を貫くからこそ、優秀な人材を確保できるのです**」と。

このポリシーを曲げずにいれば、職場の士気が下がることはないし、もっと成果をあげられる顧客をさがそうという意欲が高まり、そのための時間も生みだせる。

あなたの信念がどんなものであろうと、あなたがいま起業のどのプロセスにいようと、時間をかけて信条や社の価値観を定めておくことをお勧めする。長々しいものである必要はないし、会社が成長するにつれ、内容も変わっていくかもしれない。それでも、拠り所にできる信条があるのはこのうえなく役に立つ。私がわが社の信条と価値観を定めたときには、次の疑問について時間をかけて熟考した。

・同じ業界で他社には提供できないような最高のサービスを、どうすれば提供できるか?
・わが社の最終目標はなにか?
・どうすればその目標を達成できるか?
・顧客に提供できる本物の価値とはなんだろう?
・「許容できない」と考える基準をどこに置くのか?

こうした疑問に対する答えを書きだした日から、私は二度と、そうした答えに疑問を呈していない。無礼な客を追い払っていいのだろうかと、逡巡することもない。そんな相手を顧客としてもてなすのは、自分には許容できないとわかっているのだ。

起業したときにささやかな時間を割いて自問自答を繰り返したからこそ、腹立たしい客や、そうした客に神経を逆撫でされた社員への対応に貴重な時間を費やさずにすんでいるのだ。

迷惑な顧客との関係を断つ５ステップ

警官と諜報員として訓練を受けた結果、扱いにくい人間、理性をもたない人間に対処する際の重要な教訓を得ることができた。許容しがたい行動をする顧客やクライアントの大半は無害ではあるものの、私はひとつひとつのケースに慎重かつ冷静に対処すべきだと考えている。そして、この顧客との関係は完了すべきだと判断したら、次のステップを踏むことにしている。

ステップ① 任命する

「完了」の任務を担うように、スタッフに命じる。わが社では、顧客との関係を完了する任務にあたる唯一の人材は、この私だ。だが会社の規模や業種によって、事情は違ってくるだろう。この任務をプロとして慎重にまっとうできる権限、専門知識、態度の持ち主はだれかを検討してもらいたい。

ステップ② 冷静沈着に、すぐさま実行する

たとえ顧客から怒鳴られようと、わめかれようと、つねに冷静さを保つ。自分の体験からも、これが困難をきわめることはよくわかるが、これ以上、相手の怒りの火に油をそそいではならない。そして、相手との関係を完了するにあたり、なにも電話で1時間もくどくどとその理由を説明する必要はない。ただし、かならず料金は払い戻すこと。

ステップ③ プロに徹し、通告する

あなたのせいで弊社の社員がどんな思いを味わわされたか、わかりますか？　なにもかも、そちらのせいですよね？　迷惑な相手に向かって、そんな説明をする必要はない。道理をわきまえない人間というものは、自分にどんな非があろうとまったく自覚しないからだ。弊社はもう貴殿とのお取引を継続するつもりはございませんと、それだけを通告しよう。

ステップ④ 毅然とした態度をとる

ときには先方が謝罪し、これからは態度をあらためると誓い、今後もお取引をお願いしたいと懇願してくる場合もあるだろう。だが、ここで譲歩し、態度を軟化させてはならない。あなたはすでに貴重な時間と労力を、その人物のために大量に浪費しているのだから。

ステップ⑤ 撤退する

相手が謝罪してこようと、攻撃してこようと、あなたの会社となんとかして連絡をとろうとしてこようと、ぜったいに二度と関わってはならない。あなた自身の安全と、社員の身の安全がかかっているからだ。相手がトラブルを起こそうと目論んでいたり、激昂していたりする場合、ふたたび関わろうものなら、相手をつけあがらせるだけだ。ストーカーは避けるべきであるように、道理をわきまえない客とは断固として縁を切ろう。

問題のある相手との関係はためらいなく切る

自分が思い切って起業したことを、嬉しく思わない日はない。だが同時にそこには、とんでもない苦労もともなった。会社経営には非情な部分があり、つねにすべきことが山積している。だからこそ、**自分の譲れない価値観を明確にしておくことが肝要**なのだ――そして、それを死守すると誓うことが。

私は諜報員としてアメリカ合衆国に忠誠を誓ったことをけっして忘れない。そしていまは起業家として、雇用主として、壁に掛かっている信条を貫くことを自分と社員に誓っている。

だから、こんどあなたがトラブルばかり起こす迷惑なクライアントから電話やメールをもらったら、その人物と関わることに本当に価値があるのか、よく考えよう。

経営者にはただでさえ苦労が多い。

だから**二の足を踏むことなく、問題のあるクライアントは追い払おう。**

そうすれば本務に戻り、自分が望む仕事に励めるようになる。

「スパイ神話」のウソ、ホント

スパイはとにかくノンストップで行動を続ける。毎日、猛スピードのカーチェイスから銃撃戦まで、なんでもござれだ。


これはウソ!

ライアンとタッドのストーリーを思い起こしてもらいたい。もっともスリル満点だった場面は、タッドが1冊の本を受けとったときか、腕時計の入手困難なストラップを受けとったときだった。たいしてドラマティックなことは起こっていない。だから、銃撃戦やカーチェイスを期待していた読者はがっかりしたかもしれない。

それでも、ライアンは職務をまっとうしていた。諜報員の仕事には芝居がかったところなどない――銃を抜くことも、ビルの屋上から飛び降りることも、ボートのスピードを上げて走り去ることもないのだ。

だからハリウッドが本物のスパイ映画を製作することになったら、それはいわゆる日常生活を描く作品になるだろう。そして、だれもそんなものを観たいとは思わないだろう。スパイの仕事にはきわめて詳細なリサーチが付き物で、これには長い時間がかかる。さらには「ケイシング」にも多大な時間を割かなければならない。

すなわち相手を尾行し、相手の習慣を知り、行動パターンを把握するのだ。そのうえ作戦を計画するだけでも数カ月、ときには数年かかることもある。すると必然的に、長時間、デスクに座っていることになる。

だから真実をお教えしよう。もし、どこかのスパイが何者かと格闘していたら、あるいは銃を抜いていたら、あるいは猛スピードで車を追いかけていたら、それは当人がとんでもないヘマをしでかして、おそろしい状況におちいっていることを意味する。

その反対に優秀なスパイ活動とは、周囲の注意をけっして自分に向けさせないことを意味するのだ。

第6章 マーケティング・キャンペーンを成功させる

ビジネスを「重要な作戦」とみなす

ここまで本書を読んできたみなさんは、ＳＡＤＲサイクルのステップを踏めば理想の顧客を見つけだし、相手が本当に望んでいることを把握し、その製品を購入すべきであると納得させるための詳細な計画を立てられることが、よくおわかりになっているはずだ。

会社を立ちあげたとき、私には気前のいい投資家もいなければ、力を貸してくれる社員もいなかった。ビジネススクールに通った経験もなかったので、学歴を利用することもできなかった。だからなんとか事業を軌道に乗せようと、アパートで朝から晩まで休みなしで働いた。自信をもって提供できるサービスはあったものの、それを提供する客はひとりもいなかった。

さて、どうやって客を見つければいい？　見つかったとしても、繰り返しサービスを購入してもらい、顧客になってもらうには、どうすればいい？　そこで、こう考えるにいたった。**同じものに関心をもつ人たちとつながり、その人たちに私の専門知識を正当に評価してもらえば、かならずビジネスを成功させる**ことができる、と。

私は子どもの頃、戸外ですごすのが大好きだった。ハイキングやキャンプが好きだったし、ボーイスカウトではイーグルスカウトの記章も獲得した。それに射撃も好きで、銃の愛好家でもある。諜報員時代はサバイバル戦略を立てるのが得意で、同僚から頼りにされていたという自負もある。だが、起業時には自己資金しかなかったため、新聞やＣＭに広告をだして大金を浪費したくはなかった。

そこで私は自分の「ビジネス」を「重要な作戦」と見なすことにした（生活がかかっているのだから、重要な作戦であることにまちがいはない）。そこでまず、アメリカ合衆国に貴重な情報を流してくれる協力者をさがしているかのように、顧客をさがすことにした。

すなわち、ＳＡＤＲの最初のステップ、「狙いを定める《スポッティング》」から始めたのである。

ターゲットを「最高の顧客」に変える

自分と同じような趣味をもつ人や、同じようなものに関心を寄せている人たちが集まっている場所に行けば、将来、顧客になってくれる人が見つかるかもしれない。そう考えるのは自然な流れだった。私自身、サバイバル術、セキュリティ、銃などについて新しい知識を仕入れるのが大好きだ。それなら、同じようなことに関心をもつ人が顧客になってくれる可能性は高い。そこで、銃、アウトドア、サバイバル関連で予定されている全国の展示会のリストを作成した。そして、すべての予定をカレンダーに書きだし、その展示会にはひとつ残らず足を運ぶことにした——会場にはどんな人たちがいて、なにをしているのかを観察し、それから「狙いを定める」ことにしたのである。

ある日、サバイバルグッズの展示会で、私は人混みをかきわけながら会場を歩いていた。会場にいる人たちはみんな、最新の機能をそなえたサバイバルグッズを仔細に眺めている。そのとき、私はハタと気づいた。これにまさるチャンスがないことに。この巨大なホールにいる人たちにはほぼ全員、わが社の最高の顧客になる可能性があるのだ。

だが、この人たちをたんなる「サバイバルグッズ好き」から「最高の顧客」に変えるには、いったいどうすればいいのだろう?

そのためには、この人たちが本当に欲しがっているものをさぐりださなくてはならない。では、ここにいる人全員にわが社の製品を購入してもらうために、できることはなんだろう? 私になにか足りないところがあるとしたら、その穴を埋めることはできるのか? 自分ならもっとうまくできることは、いったいなんだろう?

もちろん、顧客を見いだすプロセスでは、ジェームズ・ボンドのように潜入捜査をする必要はないし、シャーロック・ホームズのように推理力を発揮する必要もない。それでも、私はなんとかしてこのチャンスを最大限に利用したかった。

そこで諜報員時代に身に付けたスキルを活用して、この状況を「評価する《アセッシング》」ことにした。

「なにをいちばん知りたいか」質問する

顧客層

参加者の多くが男性で、年齢は60歳以上。約3割が女性。会場で、私はそう分析した。だがこれ以上、緻密な分析をする必要はない。ただ、こうした展示会にくる人たちの基本的な情報がわかればそれでいい。このように、将来、顧客になってくれそうな人たちが集まる場所がわかったら、顧客層のおおまかな構成を分析しよう。

顧客の目的

私は会場にいる人たちに「どうしてこの展示会にいらしたんですか?」と尋ねてまわった。すると、質問に応じてくれた人の多くが「自助努力」を重んじていることがわかった。男性たちが家族を守るために最高のスキルと手段を得たいと望んでいるいっぽうで、私が話を聞いた女性の多くはひとり暮らしをしていて、自身の身の安全をはかりたいと望んでいた。

顧客がもっとも知りたいこと

このチャンスを最大限に活用すべく、私は会場にいる人たちに「サバイバルの専門家に力を貸してもらえるとしたら、いま、なにをいちばん教えてほしいですか?」と尋ねてみた。このように、イエスかノーでは答えられないオープンクエスチョンを投げかけると、さまざまな情報を入手できるうえ、そこから貴重なヒントが得られる。

さて、このとき会場にいた人たちがもっとも知りたいと答えたのは、次の3点だった。

(1) 自宅への侵入者から家族を守る方法
(2) 駐車場で、どこかのごろつきに襲われたときの護身術
(3) 自宅や車に用意しておくべきサバイバルグッズ

なにより不安に思っていることや、もっとも知りたいことについて、大半の人が正直に話をしてくれた。このように質問を活用した結果、多くの情報を得られただけでなく、有効なマーケティング戦略を練ることができたのだ(これについては後述する)。

▼現場の状況を観察する

私は商品を出展していた他社のようすを観察した。ライバル社に関する情報を仕入れておきたかったのだ。どんなサービスを提供しているのか。どんな製品をアピールしているのか。サンプルは用意してあるか。どんなマーケティングの手法をとっているか。わが社の製品とどこが違うのか。独自の特徴はあるのか。わが社が抜きんでた存在になるにはどうすればいいのか。どの会社のコーナーにどんな人たちが集まっているのか。

情報を活用して、利益を最大化する方法

理想とする顧客の情報で武装した私は、サバイバルや護身術に関心をもっている人たちとつながり、信頼関係を結ぶ作業に着手した。そうした人たちが緊急時に水を濾過《ろか》する方法や車を運転して追手から逃げるテクニックを知りたいと思ったとき、私のことを真っ先に頭に思い浮かべてもらいたかったのだ。そしてサバイバルや護身術に関しては、だれよりも頼りになる男になりたかった。

相手と信頼関係を築くには、巧妙な策略と忍耐力が必要となる。それは一種の芸を磨くようなものだ。だから、私はこんなことも知っていますす、あんなことも知っていますと吹聴し、相手にうるさがられ、貴重なチャンスをふいにするつもりはなかった。

相手にしつこいやつだと思われるし（知ったかぶりのアピールやスパムメールはだれだってイヤなものだ）、そもそも、そんな真似をするのは無意味だ。たとえビジネスの場であろうと、信頼関係の基盤は人と人、個人のつながりにある。だから、たとえメールを送る場合でも、先方の最大の不安や望みについて、私が直接、話しかけているように感じてもらいたかった。

たとえば双子の大学生のお嬢さんをもつ親御さんには、彼女たちの身の安全を私が心から案じていると思ってほしかった。また、夜、自宅にひとりで歩いて帰宅する女性たちには、そのあいだどれほど心細い思いをなさることでしょうと伝え、先方の気持ちに寄り添いたかった。そして、私の最終的な目標は、生死を左右する有益な情報を提供することだったが、その目標を達成する過程で、同時に大金も稼げることがわかってきたのである。

ステップ① 製品やサービスのウェブサイトをつくる

現代の起業家が享受している利点として、店舗やオフィスに毎月、数千ドルもの家賃をしぶしぶ支払う必要がないことが挙げられる。さらに、しっかりと機能するウェブサイトを用意すれば、数百万ドルを稼ぐこともできるのだ。タコス、犬の散歩サービス、個人指導のレッスン、手作りカヌーなど、あなたがなにを販売しているにせよ、抗《あらが》いがたい魅力をもつウェブサイトをつくらなければならない。

どんな手法でウェブサイトを制作したにせよ、準備がととのい、自社のホームページをいよいよ開設したら、まず、なにか良質のアイテムを無料で提供しよう。そう、「無料」で、だ。無料にするからといって、そこからなんの利益もあがらないわけではない。私のアドバイスに従えば、あなたも想像をはるかに超える利益をあげられるようになる。

▼A／Bテストを活用し、ウェブサイトを最適化する

最適なデザインのウェブサイトを精査する手法は「A／Bテスト」と呼ばれている。マーケティング担当者が、2種類のバージョンを用意し、どちらが顧客により大きなインパクトを与えるのか、試験するのだ。わが社では、このA／Bテストを活用し、ウェブサイトのヘッドライン、申し込みフォーム、価格設定、画像などを最適化している。

このテクニックを活用すれば、手のかかる調査をしたり、大量のサンプルを用意したりする必要はない。異なるヘッドラインを作成し、どちらのほうに効果があるのか、確認すればいいだけだ……そして、その理由を推測しよう。やがてもっとも効果のあるヘッドラインや宣伝文句がわかってきて、最大の成果をあげられるようになる。

ステップ② 無料で提供する商品を選ぶ

タダでなにかをもらえて嬉しくない人などいない。無料で製品をプレゼントすれば、気前のいい企業であること、経営者が自社製品に全幅の信頼を寄せていて、その事実を世間に知ってもらいたいと考えていることをアピールできる。

私はこれまで著書、動画によるトレーニング講座、懐中電灯、護身用ペン、非常用サバイバルバッグを無料で提供してきた。どのアイテムも高品質であるからこそ、わが社が提供する製品やサービスの見本になると考えたからだ。

こちらが請求するのは少額の送料だけだ。たとえば私の著書の場合、市場では27ドル95セントで販売している単行本を、顧客は送料の5ドル95セントだけ支払えば入手できる。超お買い得というわけだ。

この手法には思わず不安を覚える方もあるだろうが、わが社では無料提供を定期的に実施するようになってから、売上を大幅に伸ばすことができた。

わが社の場合、無料提供によって次のような効果が得られた。

口コミで評判が広がる

わが社のスパイ式懐中電灯はきわめてコンパクトだ。電池を入れればすぐに使えるうえ、口紅程度のミニサイズなので、女性のハンドバッグにも入れておける。だがパワーは強力で、あたりが真っ暗で困ったときには、いつでもあなたを苦境から救ってくれる。私がこの小型ライトをポケットからとりだすと（ポケットのなかでのおさまりもいい）、よく、「それ、カッコイイね。どこで買ったの？」と尋ねられる。そこで、これはタダでもらえるんだよと応じると、みんな、がぜん、関心を示す。

このように、スパイ式懐中電灯を無料でプレゼントした結果、わが社の名前を初めて耳にした人の輪が広がった。すると口コミでいっそう評判が広がる——貴社の広告の手段としても、きわめて有効なはずだ。

無料アイテムで人を惹きつける

無料提供は、貴社の商品を買ってもらう最後の一押しとなる。たとえば防災リュックの購入を検討している人が、なんらかの理由によって、ぐずぐずと購入を先延ばしにしている場合、ちょっとしたアイテムを無料で入手できるとわかれば、わが社のサイトで非常用サバイバルバッグを購入する確率が高くなる。いわば、鼻先にニンジンをぶらさげることができるのだ。無料アイテムを提供すれば、あなたのサイトに訪れる顧客の数をぐんと増やせるはずだ。

会社にポジティブな印象を与える

わが社のサイトで何度か商品を購入した顧客は、そのあいだに無料ではあるが上質の製品も何度か受けとることになる。すると、似たような商品を販売している他社よりも、わが社に好感をもつようになる。ささやかなプレゼントを受けとっているうちに、人間味を感じるようになるのだ。

SADRサイクルを活用した場合と同様に、顧客は双方が利益を得ているような印象をもち、購入を続けようという気持ちになるのだろう。

製品を試してもらうチャンスになる

たとえなにも買うつもりがない相手であろうと、無料アイテムをプレゼントすれば、今後、その人物はわが社の製品を利用することになる。すると、最高品質のサバイバルグッズの企画・販売をしていることを実感してもらえる。その後、製品のラインアップを知れば、将来、なんらかのサバイバルグッズを購入する必要性が生じたときには、わが社からの購入を検討してくれるはずだ。

ステップ③ 目にとまる場所に掲載する

わが社では、無料アイテムの提供をたびたび実施している。だが、インセンティブとして無料アイテムを用意している企業はほかにも多々ある。どの企業もこの手法が奏功することを承知しているからだ。無料で試せる製品やサービスとしては、シリウスＭＸラジオ（通信衛星を利用したデジタルラジオ）、動画配信サービス、食材宅配サービス、衣類のサブスクリプションなど、例を挙げればキリがない。

わが社の場合、**無料で提供するアイテムはサイトのトップページに掲載し、大きなロゴで強調**している。だが他社のサイトでは、どこに無料アイテムを掲載しているのかが、あちこちクリックしないとわからない場合もある。サイトの訪問者が無料アイテムを見つけられなければ、この手法を実施する意味などない。

またわが社では、ホームページの閲覧者がかならず目にするよう、**宣伝動画を自動再生している**。すると、書籍や懐中電灯などを無料で提供していることなど知らない相手にも、こうしたサービスがあることを知ってもらえる。

私は諜報員時代の訓練を通じて、人によって情報を処理する方法が違うことを学んだ。

つまり、**文字を読んで情報を得るのが得意な人もいれば、動画を見て情報を得るのが得意な人もいる**のだ。

▼質の高さを褒める推薦文を寄せてもらう

起業したとき、私はサバイバルグッズ愛好家が一目置くようなその道のプロに推薦文を寄せてもらった——海軍の特殊部隊の隊員や陸軍の狙撃手《スナイパー》といった人たちに。

「CIAと数々の作戦に従事してきた者として保証する。ジェイソンと彼のチームは本物だ」

——元海軍特殊部隊隊員、ケイド・コートリー

「ジェイソン・ハンソンは護身用品や護身術を提案し、その利用法を伝授する分野の第一人者だ。彼の製品やテクニックはすべて、あなたと家族の身を守るために工夫されている」

——元CIA国家秘密本部職員、国際スパイ博物館代表、ピーター・アーネスト

「CIA切っての諜報員から、このイカレた世界で生き延びる方法を教えてもらえる、め

ったにないチャンスだ」

——元陸軍狙撃手、アラン・ブリース

「ジェイソン・ハンソンは一般の人が知るよしもない貴重なスパイ技術を披露している」

——元海軍特殊部隊隊員、ローク・デンヴァー

たとえば、あなたがタコスの移動販売で稼いでいるのであれば、近所の親御さんに頼んで、「あんまりおいしいものだから、うちの子たちはいつだって、きょうの夕食はここのタコスがいいって言うんです」といった推薦文を書いてもらおう。顧客の推薦文の効果を、けっしてあなどってはならない。顧客が製品を褒めちぎれば、人々は耳を貸す。

すると会社は信用を獲得できる——その信憑性と同様に。

推薦文を寄せてもらえれば、それは**「知人を介した紹介」のような効果を生む**。だれかが「サービスがすばらしい」と保証してくれれば、サイトを見た人は背中を押されたような気分になり、その製品を利用する決断をくだし、支払いをすませる顧客が誕生するのだ。

▼ボーナスアイテムを用意する

「また無料アイテムを薦める話か」と、逃げ腰になっているみなさん、どうぞご安心を。わが社では、きわめて価値のある情報を伝授するオンライン講座を用意している。こうしたコンテンツの作成は楽しい作業であるうえ、手軽にできるし、リピート客を勧誘《リクルーティング》するうえで効果がある。だから、あなたのターゲットがつい観てしまうようなコンテンツを作成してみよう。

ペット用品を販売しているのであれば、犬のトレーニングに関するオンライン講座を設けるのもいい。顧客に有益だとか役に立つと思ってもらえるものを考えてみよう。たとえ、あなたが販売しているのが「モノ」ではなくても、相手の望みに応じたすばらしいサービスを提供することはできる。

たとえばあなたが車の整備工なら、顧客の愛車が冬季も調子よく走れるように、冬がくる前に対策チェックリストを提供するのもいい。また、あなたがヘアスタイリストなら、編み込みヘアのセット法を無料で見せる動画を公開するのもいい。ほかにも無料相談の場を設けるなど、関心をもってもらうための工夫を重ねよう。

ステップ④ より高額の商品を紹介する

無料アイテムを「カゴに入れる」ボタンをクリックするページでは、このアイテムを無料で提供する説明をする（そして通常価格もかならず明記する）と同時に、送料と手数料の支払いを求めよう。

次に、送付先の住所とクレジットカードの番号の入力をしてもらう。そしてクレジットカード番号の入力が完了したら、すぐに「ワンタイムオファー」で提供している高額商品の紹介をしよう。**「ワンタイムオファー」とは「今回かぎり」で格安商品を案内する手法**で、ほかの製品やサービスを売り込むチャンスとなる。複数のアイテムをまとめた特別パッケージを用意するのもいい。愛犬のトリミング用品のセットを格安で販売するのもいいし、高額のしつけ講座を1回かぎりの特別料金で販売するのもいい。ここでも、こうしたグッズやサービスの利用者からの推薦の言葉を掲載したいところだ。

▼自信をもってお薦めできる商品だけを提供する

なんだって、そんな高額商品を次から次へと売り込むんだ？　そんな真似をしたら、客はうんざりして逃げていくのでは？　そんな疑問をもたれた方もおいでだろう。実際、私もそうした疑問を投げかけられたことがある。またオンラインで商品を販売している知人のなかにも「高額商品を一気に売り込むのは気が進まない」というビジネスマンがいた。

そんな人には、私は毎回、こう答えている。

「顧客にとってとてつもなく役に立つ上質のサービスや製品を販売している自信があるのなら、それを大声で世間に知らせるべきだ。そのためには、わが社の製品は利用者にとってこのうえなく重要だから、できるだけ多くの人の手に行き渡らせたいと、あなた自身が心の底から信じなければならない」と。

もし、自社の製品やサービスを売り込むことに居心地の悪さを覚えるのなら、そもそも、あなたはそんな製品を売るべきではないのだ。

［スパイの裏ワザ］

■ 万人にすべての商品を売り込むな

顧客とは信頼関係を築きなさいと、これまでさんざん繰り返してきた。だから読者のみなさんはもう相手のタイプを見きわめ、それぞれにふさわしい反応や返答ができるようになっているはずだ。私自身、つねに顧客とは信頼関係を築く努力を続けている。

とはいえ、当然のことながら、ひとりの例外もなく、万人に尽くすわけにはいかない。

あなたが販売している商品を買うつもりがない人はかならずいる。そんな相手に貴重な時間と労力を費やしてはならない。まったくその気がない相手にサービスやアイテムを売り込んだところで徒労に終わる（たとえ、あなた自身は、その商品が相手の役に立つことがわかっているとしても）。

顧客の数を増やすことばかりに執着すると、結局は莫大なコストがかかる。もし、あなたがニッチビジネスを展開しているのなら、ニッチに徹することをおそれてはならない。「シャーク・タンク」に出演して資金を獲得した人たちは、的を絞ったアイディアを実現して大成功をおさめている。〈ボンバス〉のソックス（消費者が1足購入するたびにソックスを1足寄付している）、〈スクラブ・ダディー〉のスポンジ（スマイルデザインの多用途スポンジ）、〈スクワティポティー〉（便座に座ったまま前傾姿勢をとるためのトイレ用足置き台）は、どれも一風変わっているが、大ヒット商品となったのだから。

リピート客を獲得するコミュニケーションとは

「わが社には大勢のリピート客がいらっしゃいます」と、私は胸を張って言える。わが社のニューズレターには3万7000人以上の有料購読者がいる。無料で私の著書や護身用ペンを受けとった方は、結局、非常用サバイバルバッグも購入してくれた。入門編のスパイコースを受講した方の多くが、その後は1週間の上級コースを受けてくれたし、大学入学を控えたお子さんを受講させた方もいた。わが社の製品が大いに役に立ち、価値があると思われた方は、愛する家族のために同じ商品を買ってくれるのだ。

このように**リピート客はどんな業界でももっとも価値がある顧客**だ。商品を買ってくれた客をリピート客にするには、あなたのほうから信頼関係を継続する努力を続けなければならない。CIAの同僚たちは現場で高価な夕食をご馳走して信頼関係を築こうとする場合もあるが、もちろんあなたはそんな真似をする必要はない。顧客との信頼関係を継続するには、もっと簡単で、それほど費用のかからない、確実な方法があるのだから。

▼連絡を継続する

顧客にしょっちゅうメールを送るの、イヤなんだよね。そう考える起業家は多い。あまりに頻繁にメールを送りつけていると、迷惑がられて、結局は顧客を失ってしまうのではないかと心配しているのだ。私もこの方法にはまったく同意しない。だが、最高の顧客と始終連絡をとっていなければどうなってしまうだろう、とは心配している。

私としては、身の安全やサバイバルに関する問題が生じたとき、顧客には真っ先に頼りになる存在としてわが社を頭に浮かべてもらいたいのだ。

現場のスパイはつねに協力者と連絡をとっている。その協力者が貴重な情報をほかの何者かに漏らすようなことがあっては困るからだ――そんなことはけっしてあってはならない。同様に、私たちは適切なバランスで顧客とコミュニケーションをはかろうと努力している。

どのくらいの頻度でメールを送るのが適切なのか、あなたも判断する必要がある。わが社では次のスケジュールを堅守している。

▼スパイ・エスケイプ&イヴェイジョン社の顧客満足度向上スケジュール

月曜日　上質の記事。ひとつの話題につき約500ワードの記事が顧客にもっとも関心を寄せてもらえる。さっと読めて、有益な情報が得られるように工夫する。砂漠でサバイバル・シェルターをつくる方法、ネット詐欺から身を守る方法など、さまざまな話題をとりあげる。

火曜日　顧客基盤にアピールする話題に関する記事へのリンクをメールに貼る。

水曜日　上質の記事。やはり500ワード程度。

木曜日　スタッフ（元CIA職員が多い）が、それぞれ関心のある話題の記事を執筆する。

金曜日　特殊部隊のオペレーターが執筆する上質の記事。
土曜日　週に1度の特別メール。顧客から寄せられた質問に私が答える。

▼プロのライターではなくても、上質の記事は書ける

あなたが自分のニッチビジネスが大好きで、その世界に詳しければ、顧客に読んでもらう記事のアイディアに困ることはないはずだ。そのためにも、まずあなた自身が専門分野における新たな進展や最新ニュースに目がない貪欲な読者になろう。

いざ記事を書く段になると、つい文章が硬くなってしまうという方は、友人にメールをするつもりで書くといい——じつはそれこそが、顧客に読んでもらう記事の基本姿勢なのだから。すなわちあなたは、「顧客」という家族とコミュニケーションをとっているのだ。

信頼関係を築く——私がマクドナルドの便器の水を飲んだ理由

前述したように、わが社の最大の目標は、サバイバルと身の安全に関する情報が欲しいときには、顧客が真っ先に頼りにする存在になることだ。この目標は、わが社の護身用ペンを購入した人が製品に満足し、つねにポケットに入れていればそれで達成できるものではない。たしかにそれも嬉しいが、私は顧客ともっと強い絆を結び、もっと長く続く信頼

関係を築きたいのだ。

私は弊社の全製品がしっかりと機能すること、信頼できることを保証する。そしてまた自分では使わない物、自分の家族に使わせられない物はいっさい販売していない。私はこの事実を顧客に知ってほしいと強く思っている。それに、顧客に伝授していることはかならず自分で実践しているし、大半の人には「バカじゃないの」と思われるようなこともいくつか実践している。

たとえば、緊急時に直面する大きな問題のひとつは飲料水の確保だ。飲料水がなければ、人間は長く生き延びることができない——せいぜい3日間というところだろう。だから私はつねに手元に飲料水をストックしておくことを推奨している。家庭では1人あたり1日約3・8リットル必要になる。最低、これを7日分用意すべきだが、理想をいえば、30日分は欲しい。だが有能な諜報員として、私はつねに代替案を用意している。

わが社は調査に調査を重ねた結果、最高品質のポータブル浄水器を販売している。私はこの製品に全幅の信頼を置いている——だが、言葉だけで信用してもらえるとは思っていない。自分で使用することで信頼してもらいたい。

そこで、私は実際に使用してみせることにした。読者のみなさんが嫌悪の情を抱くほど濁った水を用意して、濾過して飲むところを撮影することにしたのだ。

このポータブル浄水器が機能すること、安全なことを証明するために、私は苔に覆われ、蚊がうようよいる池の水を濾過して飲んだ。とある農場では桶（そう、家畜が水を飲む桶だ）の水を濾過して飲んだし、マクドナルドではついに男性用トイレの便器（最後に使った人物はまだ水を流していなかった）のなかの水まで濾過して飲んでみせた。

浄水器はしっかりと濾過機能をはたし、水は不純物がまじっていない味がしたし、私は具合が悪くならなかった。

この動画を作成したのは、大切な顧客（すなわち大切な資産）に、わが社が悪質な製品を売りつけ、お客さまの健康と安全をおびやかすつもりがないことを明示したかったからだ。

▼顧客の体験談を伝える

私は弊社の護身用ペンをとりわけ気に入っている。頑丈な武器となり、いざというときにわが身を守れるうえ、ふだんの生活でも書類にサインするときなどに使えるからだ。そのうえ、どこから見てもふつうのペンなので、どこにだって携行できる。

私はいつも声を大にして言っているのだが、飛行機に乗るときには護身用ペンを携行するといい。もちろん、機内への武器の持ち込みは禁じられているが、ペンならおとがめを受けない。そして万が一、機内で何者かが蛮行に及んだら、このペンで身を守ることができる。

それに、見知らぬ町を旅しているときにも頼れる武器となる。ところが、旅先への携行に二の足を踏む人は多い——セキュリティで引っかかるのではないかと不安に思うのだ。機内に武器を持ち込もうとしたと疑われ、一悶着《ひともんちゃく》起こるかもしれない、と。

だが、どうぞご安心を。先日、あるクライアントがわざわざ連絡をくださり、「イスラエル旅行から戻ってきたところなんだが、この護身用ペンのおかげで助かったよ」と、謝意を伝えてくれた。これは興味津々。とにかく、彼の話によれば、イスラエルのエル・アル航空は、その厳重なセキュリティ体制でよく知られている。ところが彼は護身用ペンを携帯したまま、なんの問題もなく搭乗できたというのだ。

そこで私は彼の承諾を得て、この体験談をすぐさま顧客にシェアした。

私は仕事柄、国内外を出張で飛びまわっています。出張先ではなんらかの武器を携行していると、安心感を覚えるものです。先日、世界でもっとも厳重な出入国審査を実施しているイスラエルのベン・グリオン国際空港を利用しました。セキュリティチェックを受けているあいだ、私はずっとこのペンを携行していましたが、一度も問題にならず、X線検査でもいっさい質問を受けることはありませんでした。おかげで、私は安心して旅を続けることができました。ひとりで初めての（そして不案内な）国に出張するときは、多少、ビクビクするものです。しかしいまは、この護身用ペンがあるので、自分は丸腰だと不安に思わずにすんでいます。

私としては、旅先でこのペンを携行していればどれほど心強く思えるかを、顧客に伝えたかった。そしてこの体験談は、見事にその効果を伝えていた。貴社がどんな製品を販売しているにせよ、いざというときに「いちばん頼れるのはあの会社だ」と、顧客に思ってもらえるようにしよう。つねにそう思ってもらうためにも、折を見て顧客の体験談をシェアしよう。そうすれば、だれもが同じような考えをもっていることを伝えられるし、いっそう親近感を覚えてもらえるはずだ。

▼自分の体験談もシェアする

私自身、サバイバルと身の安全に関する体験談をシェアするのが好きだ。だからといって、自分の話のあれこれを吹聴したいわけではない。わが社が提供しているテクニックやグッズを、実際にどんな状況で活用したのかを話すことが肝心なのだ。自分の専門知識を活用した実例を、読者や顧客に知ってもらいたいのだ。

たとえば、スペインのパンプローナで開催される「牛追い祭り」を見物にでかけたときに、社会の崩壊はかくやという光景を目の当たりにした話も披露した。群衆に揉まれたまま、鋭い角を生やし、1000キロほどの重量はありそうな牡牛に追われて走っていると、社交上の儀礼などというものは完全に消失するのですと、私は綴った。

それに、ストーカー行為を受け、おそろしい体験をしたご家族へのアドバイスをシェアしたこともある。まだ幼いわが娘に、銃の安全性についてどんなふうに教えたかという話も披露した。そして、真夜中に大きな物音が聞こえて、私と妻がえらくおびえたときの話もシェアした——警戒した私は銃を手に、家のなかをくまなく捜索にあたったが、のちに犯人は戸棚から落下したスーツケースであることが判明したのである。

私はとくに有名人ではないが、自分の日常生活でちょっとした出来事があり、それが安全とサバイバルの観点から見て顧客になんらかの関係があるのなら、その話をシェアすることにしている。

▼どんなことを望んでいるのか、つねに尋ねる

弊社のホームページには、短いアンケートフォームを掲載している。そうしたアンケートの最後の質問は「いますぐ、弊社に力を貸してほしいと思っている、もっとも差し迫っ

た問題はなんですか」にするといい。このシンプルな質問から、あなたははかりしれないほど価値のある情報を得られるはずだ。

またアンケートの回答を分類して、回答者を特定の関心をもっている人のグループに分け、それぞれのグループに別々の商品を売り込むこともできる。

次に、弊社のアンケートに記載している質問の例を挙げる。あなたのビジネスのタイプによって、質問内容を調整してもらいたい。

・今年、あなたとご家族がもっと安全にすごされるために、どんな点で弊社にいちばん力を借りたいとお考えですか?

・次の項目で、もっと学びたいものはどれですか?

自宅の防犯対策
食料の備蓄
護身術
サイバーセキュリティ
自然災害から身を守る
その他

・こうした問題について、あなたはたいていどこで情報をさがしていますか？
・いますぐ、弊社がお役に立てることはなにかありますか？

▼100万ドルの売上を達成するマーケティング戦略

多様な高額商品を用意する――人が違えば、魅力を覚える商品も、実際に購入する商品も違う。さまざまなアイテムを組み合わせたセット商品を企画すれば、購入してもらえる確率が高くなる。

効果のあるコピーを選ぶ――弊社では、顧客が「おおっ」と声をあげ、関心をもってくれるような言い回しや表現を目指し、工夫してきた。肝心なのは、事態は切迫していますし、この商品には大きな価値があるのですと、顧客に訴えかけるだけの力があるコピーを考えることだ。ホームページのデザインを洒落たものにする必要はないし、洗練されたコピー、いかにもプロの手によるコピーを練りあげる必要もない。

上質のコンテンツ――他社が提供していない情報を付加する。価値あるコンテンツを継続して提供すれば、販売している製品やサービスがなんであれ、貴社はどこよりも信頼の置ける情報源として認識されるようになる。

あなたが自社製品やサービスを心から誇りに思っているのなら、その売上を最大化できるように努力すべきだ。SADRサイクルを活用すれば、私と同様、貴社には無限の可能性があることを実感できるだろう。

「スパイ神話」のウソ、ホント

あらゆる職業や階級の人、さまざまな学歴の人がスパイとして採用されている。

それはホント！

起業家となってもっとも胸躍る体験のひとつは、さまざまな経歴をもつビジネスマンと知りあえることだ。これまでにも、功成り名遂げた錚々《そうそう》たるビジネスマンと面識を得てきたが、昔はコメディアンだった、弁護士だった、サーカスの曲芸師だったという人もいた。諜報の世界も似たようなものだ——それはもう多様なバックグラウンドがあって、興味が尽きないような経歴の持ち主もいる。

それに、成功した起業家の大半がMBAなど取得してはいないように、世間がどう想像していようと、名門大学が未来のスパイを輩出しているわけではない。たしかに諜報員は私の知るなかでもとびきり頭のキレる人間ばかりだが、CIAはさまざまな経歴をもつ人の価値を認め、尊重している。

映画「アルゴ」に登場するCIA職員のモデルとなったトニー・メンデスは、大学で美術を学んだ。彼はグラフィックデザイナーの求人に応募し、最終的にCIAに雇われた。また高名なシェフで、料理本の著書もあるジュリア・チャイルドは、ニューヨーク市の広告代理店でコピーライターとして働いたあと、OSS（戦略諜報局。CIAの前身）にタイピストとして入局した。そして、ついには国家機密のリサーチを任されるまでの信頼を獲得した。またCIAの諜報員の多くが、高校卒業時には大学進学より軍隊への入隊を選んでいた（私自身は警官としてキャリアを始めた）。

スパイの一団と同席する機会があれば、これまでに一風変わった仕事をした経験はおありですかと、尋ねてみるといい。まちがいなく、意外な答えが返ってくるはずだ。

花屋の店員でした、タクシーの運転手をしていましたよ……。なかにはカウボーイだったという男もいるほどだ。CIAは当人が名門大学出身かどうかよりも、総合的な知能があるかどうか、そしてすばやく問題を解決する能力があるかどうかを重視する。

こうした知能と能力は、ビジネスの世界でも重視されるようになっている。ニュース専門放送局CNBCの先日の調査によれば、スモールビジネス経営者の大半は四年制大学の学位をもっていない。大学に通った経験のない経営者の数は、性別や年齢を問わず、大学に通った経験がある経営者の数より多い。

たしかに教育を受ける機会があるのはすばらしいことだが、卒業証書1枚あれば、経営者として成功できるわけではないのだ。

第 2 部

スパイが駆使する「究極の判断力」

第7章 ぜったいに裏切られない関係をつくる

「忠誠心」とは

CIAにおけるパートナー同士の関係は唯一無二だ。というのも、作戦によってはアメリカと敵対関係にある国にパートナーとともに潜入せざるをえないからだ。課報員は危険きわまるミッションを遂行しなければならないうえ、頼れるのはパートナーだけだ。作戦によっては、複数の諜報員がチームを組んで協力する場合もあるが、そのチームメンバーはたいてい少人数であり、ときには諜報員がひとりで任務に臨む場合もある。

諜報員は軍人ではない。よって、装甲機動部隊といった援軍も期待できない。さらに、政府の関与を公《おおやけ》にしていない秘密作戦に従事する場合は、なにかが（あるいはすべてが）計画どおりに進まなかったとしても、政府が介入し、救出してくれるわけではない。

そのため、諜報の世界では篤《あつ》い忠誠心や任務の意義といったものが重い意味をもつ。

ところが世間一般の人たちには、この事実がなかなか理解できない。

■エリオットのストーリー

パートナーを見殺しにしてしまった。そう思ったときのことを、私は一生忘れないだろう。われわれはアメリカの敵国にいた。指定されたビルの屋上にハシゴで上り、盗聴装置を仕掛ける。それがわれわれの任務だった。当然、その姿を見られてはならないため、月がでている夜を選び、月明かりを頼りに作戦を実行する計画を立てた。

ところが、その夜、月はまったく見えず、顔の前に手をかざしても見えないくらい、あたりには漆黒の闇が広がっていた。

途中で、パートナーのマークがワイヤーに足をとられ、つまずいた。だが、私にはそのようすが見えなかった。なにが起こったのかわからなかったが、大きな物音だけは聞こえた。われわれには長年の経験から、暗闇で突然、なにか物音が聞こえたら、それは作戦を中止する十分な理由になることがわかっていた。

このまま、ここにとどまっているとつかまるリスクがある。すぐに逃げなければ。マークがどこにいるのかわからなかったが、とにかく脱出用の乗り物のところに戻らなければならない。そこに戻れば、マークとまた会えるだろう。私はそう思うしかなかった。

そこでビルの屋上から下りたものの、マークの姿はどこにもない。私はパニックにおちいりそうになった。ハシゴを外してきてしまったからだ。もうマークはつかまってしまったのか？　彼が助けを必要としているのなら、救出するのが私の職務だ。そこで私はまたハシゴをかけ、ビルの屋上へと音をたてないようにして上っていった。屋上にたどり着き、あたりを見まわす。すると、下のほうに人影が見えたような気がした。マークだろうか。それとも、こちらの命を奪おうと偵察にやってきた何者かだろうか。

幸い、それはマークだった。転落して、建物の壁にぶら下がっていたのである。私は安堵の吐息をついた。そしてありがたいことに、彼の腕がギブアップする前に、なんとかマークを屋上に引っ張りあげたのである。

万が一、つかまっていたら、私はおそろしい目にあっていただろう。少なくとも、私自身は脱出用の乗り物のところにたどり着いていた。だが、パートナーを置きざりにして自分だけ逃げるなどという選択肢はありえなかった。

そんな真似をすることなど、想像もできなかったのだ。

諜報の世界において、忠誠心は特別な意味をもつ。あなたが諜報の世界でだれかのパートナーとなり、互いに協力することになったら、自分の命と安全はパートナーの手にゆだねられていることを認めなければならない。状況によっては、あなたが翌朝、いつものように目覚められるかどうかはパートナーの忠誠心次第となるのだ。そして、それはパートナーにしてみても同じことだ——あなた自身もパートナーの身を守るためなら、努力を惜しんではならない。

現場では、パートナーがあなたの家族だ。そしてあなたもまた、その家族のためならなんだってする。これこそ、私がこれまでに経験したなかで、もっとも高いレベルの忠誠心だ。

いま、私は経営者となった。さすがにもう、ビルの壁にぶら下がっている社員の救出に向かう（あるいは私が救出してもらう）必要はないが、私は諜報員の訓練を通じて忠誠心について貴重な教訓を得てきた。

それは人生を生きるうえでも会社を経営するうえでも、大いに役立っている。

職場で忠誠心を引きだす方法

事業を成長させる準備をととのえ、社員を雇って働きはじめたとき、私は「職場における忠誠心」についてじっくりと考えなおすことにした。社員のふるまいによって私の人生が左右されるわけではないが、稼ぎは左右される。その反対もまた真なりだ。

うちの社員は私を頼みの綱としている。私が事業を成功させて儲けるからこそ、社員は収入を得られる。そして生産性が高く、安全で、ときには楽しい職場環境を私が用意してくれると信じている。そこで、私はこう考えるようになった。

ビジネスの世界では、一段高いレベルの忠誠心を社員がもつからこそ、私も社員を家族と見なせるのだ、と。

社の信条はすでに定めてある。では、いったいどうすれば、自分がそうした理念を体現できるだろう？　そこで、自分が望む社風、すなわち「一段高いレベルの忠誠心を社員全員がもつ職場」をつくりだすために、次に挙げる課題に取り組むことにした。

全力でミッションに取り組む姿を見せる

社の舵取りをするためなら、そして自分と社員のために事業を成長させるためなら努力を惜しまない姿を、積極的に社員に見せる。

諜報の世界では、パートナー双方が作戦の遂行に全責任をもって取り組む。作戦を成功させるために、絶えず努力を重ねていくのだ。これに倣《なら》い、私は毎日、職場には一番乗りで出社し、いちばん最後に帰宅している。そしてビジネスの成功のために献身していることを、身をもって社員に示している。

情報をオープンに伝えあう

可能なかぎり、ビジネスの現況について透明性を保つ。新たなチャンス、社内の変化、成功、失敗、競合他社の状況、わが社の目標などのすべてに関して、社員にはかならず概要を説明する。

諜報の世界では、現場のパートナーは互いにミッションに関する情報をすべてオープンに伝えあう。そうしないと任務を遂行できないからだ。

パートナーが相手に情報を隠そうものなら、その秘密が作戦全体を失敗に導きかねない。

互いの長所と短所を理解し、受けいれる

すべての諜報員は、それぞれがCIAに独自の貢献をしている。職員にそれぞれ独自のスキルや才能があるからこそ、CIAは必要に応じて各自の才能を活用している。その結果、CIAは組織として機能しているのだ。

当然、CIAはアメリカ最高の知能をもつ人材を雇用しているが、職員の才能の多様さには驚くものがある。毒物の専門家、偽造の名人、狙撃手、言語学者、心理学者、会計

士、画家。こうした多様な分野における優秀な人材がいなければ、われわれは情報を収集し、アメリカの安全を守るというミッションを達成することはできないだろう。一人ひとりの職員が独自の貢献をしていて、各人に価値があるのだ。

そこで私も社員一人ひとりの長所を尊重している旨を明確に伝えることにした。そして人間には短所が付き物であり、かならずしも短所を正そうとする必要はないことも伝えた。

わが社のスタッフには、文章を書くのが得意な者、予定を立てるのが得意な者、辛抱強くてやさしい顧客サービス担当者、そして一流のスキルをもつセキュリティ担当者などがいる。社への各自の貢献を認め、尊重することで、私は社員に全力で仕事にあたってもらえているし、その結果、チームの団結力はいっそう高まっている。

つねに社員の味方でいる

私が厄介な顧客との関係の完了を躊躇しない理由のひとつは、勤勉な社員たちへの忠誠心だ。社員たちに「一段高いレベルの忠誠心をもってほしい」と望むのであれば、こちらも社員の安定した平穏な生活こそが重要であり、目先の利益など二の次であることを証明しなければならない。

ＣＩＡ時代、パートナーが危機に直面したとき、私は彼のために立ち向かうことを一瞬たりとも迷わなかった。だから、社員たちに対しても同様に考えていることを知ってもらいたい。なにか困難な状況におちいったら、社員たちはひとり残らず適切な支援を受け、大切にされるのだ。

勇気や思いやりのある行動に報いる

協力者がみずからを危険にさらして有益な情報を提供していることを、スパイはよく承知している。だからスパイはことあるごとに謝意を示す。高価なプレゼントを贈ったり、夕食をご馳走したり、現金を渡したりするのだ。

私自身は、社員が期待以上の働きをした場合、かならず報いるようにしている。たとえば、昨年のクリスマスのことは忘れられない。大量の注文が舞い込み、いつものスタッフでは出荷作業が間に合わなくなってしまったのだ。私はいっさい指示をださなかったのだが、社員たちは土曜日にもかかわらず出社し、夜も残業して、出荷作業に励んでくれた。あのとき、社員たちがみずから手を貸してくれなければ、あれほど大量の注文に応じることはできず、絶好のチャンスを逃していただろう。

こうして社員が尽力してくれた場合、私は喜んで食事をご馳走し、プレゼントを贈り、ボーナスを支給している。

あなたが社員に一段高いレベルの忠誠心を示してほしいのであれば、見事な働きをしてくれたときには、はっきりと感謝の念を伝えよう——たとえそれが、クリスマスぎりぎりに入った注文の荷造りを手伝うという単純作業であろうとも。

相手に求める姿勢で、自分も接する

これはシンプルこのうえないけれど、もっとも効果のある行動指針だ。私は曲がったことをせず、つねに高みを目指し、人望があり、高潔なリーダーとして社員に尊敬されたいと考えている。そして自分自身がよき行動の見本を示すと同時に、自分がこう接してもらいたいと思う態度で、社員に接するようにしている。

諜報員は互いを尊敬していなければ、チームとして協力することはできない。現場で口論を始めたり、相手を疑ったりする余裕はないのだ。そんな真似をすればミッションは遂行できない。互いが高潔な精神を貫き、つねにベストを尽くすのだ。

ほかの諜報員とグループを組んで訓練を最後までやり抜くには、誠実さが欠かせない。あなたのパートナーは、あなたの命を救う責任を負っている。訓練中、私はよく考えたものだ。このグループのなかで、自分の命を預けられると信用できるのはだれだろう？　だれが、命を懸けて信用できるだろう？　射撃がヘタなやつ、せっかちなやつ、自分勝手なやつはダメだ。そしてたしかに、そうした信用ならない訓練生は、仲間の命を危険にさらしたため、訓練を最後まで終えることができなかった。

私は会社でも同じような基準で社員を判断している。どの社員にも、それぞれ重要な役割があるし、かれらの貢献は社の存続に必要不可欠だ。もちろん、人間はミスを犯すものであり、私は完璧など期待していない。だが「誠実」であることは欠かせない。

以前、頭がキレて、好感がもてて、有能な社員がいた。だが、彼にはひとつだけ、問題があった。どういうわけか、期日を守れなかったのだ。そして期日を守らないことで、ほかのチームメンバーを尊敬していないという事実を露呈させていた。その結果、しだいに彼は厄介者になっていった。この問題について、私は彼と話しあった。そして「力になれることがあればなんでもする。きみは有能なんだから」と、付け加えた。それでもやはり、彼は期日を守ろうとせず、それを理由に、私は彼を解雇せざるをえなくなった。

あなたも信条を体現することで、誠意を尽くしている事実を社員に示そう。

「どんなときにも誠実であれ」と、口を酸っぱくして言いつづけよう。

さもないと、社の存続の危機に直面するかもしれないのだから。

互いを認め、評価することで生まれるもの

大きな理念（起業の成功、アメリカ合衆国の防衛）に献身的に尽くしていれば、そのプロセスのあらゆる段階をしっかりと把握し、評価できるようになると、私はさんざん教えられてきた。ＣＩＡでは、アナリスト、地図製作者、車の整備士、事務スタッフ、そしてバージニア北部の冬空の下でホットココアを淹れてくれるコーヒーショップのスタッフ、その一人ひとりが尊重されている。どの部分が欠けても、組織はうまくまわらない。

こうして互いを認め、評価するからこそ、「自分なりに組織に貢献できている」という誇りを感じられるようになり、そこから忠誠心が芽生えるのだ。

第8章 だれよりも最高の準備をする

準備、準備、また準備

アメリカ合衆国建国の父のひとりであるベンジャミン・フランクリンは、遠近両用メガネや避雷針の発明をなし遂げ、世界初の政治風刺画を発行し、アメリカ独立宣言を起草した5人にも名を連ねる傑物だ。その彼が、こう指摘している。

「準備を怠るのは、失敗する準備をしているのと同じことだ」と。

私はこれまでさまざまな職業に就いてきたが、つねに「準備する」ことに心を砕いてきた。そうした努力を重ねた結果、いまでは「準備する」手法を芸術の域にまで高めることができたと自負している。

CIAの諜報員たちは、非常用サバイバルバッグをもたされていた。このバッグには、大規模攻撃を受けた際に生き延びるための必需品がすべて入っていた。このバッグの中身を定期的にチェックして、チェックして、チェックしろと、われわれは指示されていた。大惨事に見舞われたとき、ラジオを聞きたくても予備の電池がないとか、だれかに連絡をとりたくても手段がないとかいう状況にはおちいりたくはない。よって、ミッションの計画を練るときにも同様の姿勢で臨めと指導された。

たとえばアナリストから渡された要求事項を読んだあと、諜報員はすぐに行動を起こすわけではない。その内容を何度も確認し、アナリストとも徹底的に検討するのだ。そうすれば確実に万事を詳細まで理解できるし、適切な準備をととのえられる。異国の僻地へと旅立ったあとで、必要な物が足りていないことに気づくような事態を招いてはならないからだ。諜報員は地元の電気店にのこのこと入っていき、敵の会話を盗聴するための高性能アンテナを買い求めるわけにはいかない。

このように事前に用意万端ととのえておかないと、そのミッションは失敗に終わる。準備は命を救う。みなさんもこれまで、それを証明する実話をテレビでさんざんご覧になってきたはずだ。ハリケーンなどの自然災害に見舞われたあと、準備不足だったばかりに飲料水が足りなくなり、人々が命を落とす。猛吹雪のなか、適切な道具を携行していなかったばかりに道に迷い、力尽きる。

だから私は、自然災害やなんらかの攻撃に見舞われても自分と家族が生き延びられるように、準備を怠らない。

起業家なら承知していることではあるが、起業にはとてつもないリスクがともなう。アメリカ合衆国労働省労働統計局によれば、起業して1年後には企業の2割が倒産し、2年後には5割になる。これはおそろしい数字だ。だからこそ、自分が万全の準備をととのえるタイプであることを、われながらありがたく思っている。

さもなければ、とっくの昔にわが社も倒産していただろう。

「チェックリスト」の絶大な効果

弊社では、すべてのトレーニング講座に特有のチェックリストを、慎重かつ詳細に作成している。日々の業務におけるチェックリストの有効性は、つい過小評価しがちだ。だがチェックリストは、たんに単語をいくつか走り書きしたものではない。

万全を期したチェックリストを用意しておけば、日々の業務を遂行するうえで大きな利益を得られる。

研修のツールになる

新入社員がチェックリストを参照すれば、業務の達成目標や、そのプロセスで必要な手順を一目で把握できる。

一貫性を保てる

わが社では社員一人ひとりが、イベントを安全に開催するにはなにをすべきか、顧客に楽しんでもらうにはどうすればいいかを、正確に把握している――すべてのトレーニング講座で一貫性を保っているのだ。講師には例外なく、その分野でトップの知見をもつ元諜報員を揃えている。そしてスパイ式トレーニングの演習はかならず楽しめるものにしているし、活気ある街中で実施することにしている――小さな町の路上からラスベガスのカジノまで、さまざまな場所でおこなうのだ。

それに、受講者の印象に強く残るであろう実習もかならず組み込んでいる。たとえば両手をダクトテープ〔強い粘着力をもつテープ〕で縛られた状態で、ロックされた車のトランクのなかから脱出する方法を学ぶ講座は、いつも大人気だ。

さらに、私たちの実演に大きなインパクトがあり、受講者が理解しやすいものになるよう、工夫を重ねている。躍動感のある実技指導を心がければ、受講者は目で見てしっかりと内容を把握できる。

業務分担・権限移譲の役に立つ

たとえばイベントを計画しているときにチェックリストを参照すれば、イベント終了までに必要なタスクを一目で把握できる。よって、どのタスクをどのスタッフに任せればいいかを決める際にも、大いに活用できる。また必要な人員が足りないことがわかれば、すぐに臨時要員を手配できる。

効率化により、ほかの活動にあてる時間ができる

チェックリスト作成により、必要なタスクを把握し、業務を分担できれば、あなたは自分のテクニックに磨きをかけたり、ほかのタスクに取り組んだりする時間をもてるようになる。

各業務を遂行するうえで完璧なシステムができあがっていることがわかっていれば、ストレスも減り、人脈づくりや目標の設定など、ほかの重要な作業に励む余裕ができる。

▼チェックリストで可能になる貴重なフィードバック

イベントの前に、私はいつもチェックリストを3回参照し、すべての必要アイテムが揃っているかどうかを確認する（さらに4度目の確認にいそしむのもめずらしくない）。そしてイベ

ントの前夜、必要な備品をトラックに慎重に載せ、リストに並んでいる備品のなかで荷造りを終えたものをひとつずつ消していく。たとえば、翌日、射撃のトレーニング講座が予定されているのなら、銃、弾薬、標的、耳栓、射撃用サングラス、止血ガーゼ（非常時用）、ラジオ、電池、拡声器、水、サンドイッチ、スナック菓子などの数を数える。ひとつでも足りない備品があれば、受講者はすばらしい体験をする機会を逸し、二流の体験に甘んじることになるからだ。

それからホテルに電話をして、飛行機を利用して受講する人たちの宿泊予約を確認する。講義で会議室を使う場合は、照明の配置、コンセントの位置や数、座席表も確認する。

このようにチェックリストを利用して万全を期すのは単純作業ではあるものの、事業の成功には欠かせない。さらに、こうして抜かりなく準備をととのえれば、付加価値も得られる。将来、より大きな成功をおさめるにはいまのやり方をどう改善すればよいのか、そのフィードバックを無料で即座に入手できるのだ。

現場で任務にあたるスパイは、進捗状況を注意深く確認する。作戦によっては、メモをとることもあれば、無線で連絡をとることもあれば、水溶紙に機密情報を書き留めることもある（必要に応じてすぐに情報を消滅できる）。そしてスパイはつねにこのプロセスの効率化に励んでいる――奏功したのはなにか、改善する必要のあるテクニックはなにか、うまくいった戦略はどれか。

こうした情報を詳細に記録したものは「アフター・アクション・レポート」、すなわち「事後レポート」と呼ばれている。事後レポートは、ひとつのプロジェクトやイベントの終了後、その成果を見なおすために利用されている。うまくいったこと、うまくいかなかったことを書きだし、次回、もっと成果をあげるための材料にするのだ。

たとえば、あなたが不動産業界で働いていて、これからある売買物件のオープンハウスを予定しているとしよう。そのオープンハウスではほかの不動産業者や一般客が見学に訪れる。だから、あなたがその一戸建て住宅を首尾よく販売できる（すなわち販売手数料を得られる）かどうかは、オープンハウスの成否にかかっている。なにかひとつミスを犯せば、相手に悪い印象を与えかねない。

あなたが鍵を持参するのを忘れてしまい、玄関のドアをあけられなかったら？　発注したパンフレットの印刷が間に合わなかったら？　さらに悪いことに、オープンハウス開始時刻の数分前に玄関ドアをあけたところ、その家のオーナーが派手なパーティーをしたあとで、室内がとんでもなく散らかっていたら？　このように、パンフレットの手配から室内が整然としているかどうかまでのプロセスをひとつひとつ明確にしておくかどうかで、契約が成立するのか、惨憺《さんたん》たる結果に終わるのかが決まるのだ。

そのうえ、あなたの仕事ぶりに感心した訪問者が新たな顧客になってくれる可能性もある。

事後レポートを作成する

イベントを終えるたびに、わが社ではかならずチーム全員が参加する報告会を実施している。腰を下ろして、イベントについて詳細な点まで論じあい、あらゆる観点から事後レポートを作成するのだ。これはまさに作戦遂行後、諜報員が実行する作業だ。分析すべきこと、効率を上げるべき手順はかならずある。そうした点を改善すれば、今後の作戦をスムーズに進められる。

完了したイベントを分析して評価するうえで、事後レポートはもっとも有効なツールだ。わが社ではつねに顧客体験を向上させ、効率を上げ、なんらかの不備から問題が起こらないように万全を期している。

次にわが社の事後レポートの例を紹介するので、参考にしてもらいたい。

【トレーニング講座の報告】

スパイ・エスケイプ&イヴェイジョン社

講座名　「究極のスパイ・トレーニング1週間講座」

日程　2017年9月10日から9月16日

概要（トレーニングの内容）

目標　「究極のスパイ・トレーニング1週間講座」を通して、受講者がアドレナリンを放出する1週間にする。受講者は、危険な状況から脱出する方法、危険な状況を回避する方法、非常時のドライビング・テクニック、ナイフを利用した護身術、ライフル銃や拳銃の扱い方、接近戦について学ぶ。

今後、どんな脅威に直面しようと対処できるスキルを受講者全員が身に付けること。また講座修了後、そうしたスキルを身に付けたと、受講者全員が自信をもつこと。

考えられるリスク　会場を新しいホテルに変更した。よって、こちらの要望どおりに座席のアレンジがされているかどうか、かならず確認する。またオーディオ関連の機器類が用意されていること、作動することも確認する。さらに、講習で尾行されているかどうかを確認するルートに関しても、これまでとは違う道を利用する。最後に、細心の注意が必要なのは、トランクから脱出するトレーニングを安全に実施すること。また実際に誘拐事件が発生していると誤解されないように、事前に地元行政に連絡を入れておく。

当日の担当スタッフ

弊社の8人のスタッフが担当

1. ジェイソン・ハンソン
2. インストラクターX
3. インストラクターY
4. インストラクターQ
5. インストラクターS
6. 音響映像担当
7. 運営担当
8. 運営担当

機能ポイント1　講座内容

A．強み――インストラクターXはプレゼンが得意で、知識も豊富。彼のプレゼンはいきいきとしていて、受講者にも評判がいい。

1．視聴覚教材。わかりやすいように制作されている。
2．ストーリーテリング。説得力があり、役に立つ。
3．スキル。実演がわかりやすく、真似しやすい。

B．改善すべき点

1．諜報員が正体を明かすタイミングの説明は、プレゼンのもっと早い段階にもってくるほうがいい。
2．もっと小道具を活用すると、実演がいっそうわかりやすくなる。

機能ポイント2　新しい会場／ホテル

A．強み

1．受講者がきちんと出迎えられ、案内してもらえる。
2．こちらの要望どおりに、会場の準備ができている。
3．こちらの要望どおりに、機材が作動する。

B．改善すべき点

1．会場はもう少し下の階のほうがいい。休憩時間に下の階で飲食物を調達するのに、今回の階では時間がかかる。

2．室温が一定ではない。

機能ポイント3　運営

A．強み

1．受講者がホテルにチェックインする際には、かならず出迎える。すると、歓迎されているという気分を全受講者に味わってもらえる。

2．足りない物があるなど、受講者がなにか困っていたら、いつでもスタッフが力になる。

3．トレーニングの演習中、受講者の写真を撮影する。

B．改善すべき点

1．あとで写真を郵送するときのための申し込みフォームを、事前に送付しておく。

2．希望者には、メールで写真を送付する。

3．カメラを2台利用すれば、2名で撮影できる。

4．水がすぐに不足した。次回はボトルウォーターをあと2ケース、用意しておく。

事後レポートの効果的な書き方

1週間のトレーニング講座を終えたところであろうと、新しいナイフのデザイン、製造、販売プロジェクトを終えたところであろうと、事後レポートに目標を再度、要約しよう。

私たちは、弊社特有のニーズに応じて事後レポートを作成しているが、貴社のビジネスでも奏功する簡単な作成法がある。貴重な情報をできるだけ収集するために、次の例のような項目を記載しよう。

最終目標はなにか？

目標――高品質のサバイバル・ナイフをデザインし、製造し、マーケティングを練り、販売する。このナイフは秘密裏に携行できなければならない。また最高品質のスチール製でありながら、軽量であるべき。携行用カバーを付け、ユーザーが好みのやり方で携行できるようにする。

目標は達成できたか？

数人のデザイナーに相談したあと、こちらの基準を満たすデザインを決定した。さらに強靭で軽量でありながら、こちらの価格設定にも見あうスチールを調達できた。

プロジェクト（イベント）での新たな成果

デザイナーのX氏は一緒に仕事がしやすく、明確に意思疎通をはかれる人物だった。料金も手頃。実行すると約束したことは、かならず最後までやり抜く。すばらしい協力者であり、このプロジェクトの成功のために尽力してくれた。

今後の課題、その理由

こちらの基準を満たすスチールを調達するのは至難の業だった。また、こちらの要望をすべてかなえる業者もなかなか見つからなかった。今後も継続して業者の選定に努力を重ねる必要がある。

どの要素を変えるべきか？

当初、このプロジェクトは予想よりも時間がかかった。適切なデザイナー、製造業者、納入業者を見つけるのに時間がかかったからだ。必要に応じてすぐに発注できるように、もっと広範囲で業者をさがす必要がある。

事後レポートの活用法

・全員が事後レポートを読んだら、そこからでた結論をリストにまとめる。
・どの課題に対して、だれが責任をもって対処するのかを話しあう。
・スタッフ一人ひとりに、意見やアイディアを発表する機会を与える。
・必要に応じて、チェックリストの内容を変更する。

チェックリストと事後レポートを活用すれば、ちょっとしたミスのせいで多大な損失をだし、結局は顧客を失うという惨憺たる結果を避けられる。こうしたチェックリストに厚い信頼を寄せているのは諜報員だけではない。

外科医であり作家でもあるアトゥール・ガワンデは、チェックリストを活用したおかげで何人もの命を救うことができたと、さまざまな例を挙げて説明している。外科医として、彼はエラーの原因を「無知」または「無能」に分けた。前者は、知識がなかったから犯すミスであり、後者は知識を適切な方法で活用しなかったから犯すミスだ。そして彼はこう指摘している。大半の失敗の原因は「無能」、すなわち知識を適切な方法で活用しなかったことにある、と。

このように、チェックリストと事後レポートは、連続してミスを犯さないようにするシンプルな解決策だ。というのも、私たち人間はミスを犯すものだからだ。この事実がよくわかっているからこそ、外科医やパイロットはチェックリストを大いに頼りにしている。

そしてなにより、このシステムのいいところは安心感を得られることだ。イベントの前夜、私はチェックリスト片手にひとつずつ、荷造りをしていく。そして、トラックに荷物を積むたびに、チェック項目を消していく。すると安心してベッドにもぐり込み、もうあれこれ心配せずに眠れるのだ。イベントを成功させるために必要な物はすべて揃えたと、１００％の自信をもてるようになったからだ。

「スパイ神話」のウソ、ホント

現実のスパイはトレンチコートを着ない。あれは映画のなかだけ。

それはウソ！

スパイがロングのトレンチコートを着ているシーンを見ると、滑稽に思えるかもしれない。映画に登場するスパイはたいていだれかに追いかけられていたり、尾行されたりしているから、ロングコートなど邪魔で仕方がないはずだ、と。

ところが現実には、トレンチコートは諜報の仕事に必要な備品をすべて携帯するうえで、きわめて便利なのだ。これまで述べてきたように、スパイはだれよりも用意周到で、万全を期す。そしてトレンチコートには、銃、ナイフ、弾薬、懐中電灯、携帯電話、ラジオ、情報を入れた蓋付きの缶をもち運ぶのに便利なポケットがたくさんついている。

いっそう危険な任務である場合は、コートに隠しポケットを追加することもできる。トレンチコートを着ていれば、諜報員は安全に機密情報を携行できるというわけだ。

第9章 みずから学ぶ姿勢を身に付ける

どんなに経験を重ねても学びつづける

「冷血」「暴力脱獄」「明日に向って撃て！」など往年の名作の撮影監督として名を馳せたコンラッド・ホールは、「学ぶことこそ力になる」と固く信じていた。彼は当時の一流映画スターや映画監督との仕事を通じて巧みな撮影技術を編みだしてきたにもかかわらず、「まだまだ学ぶことがある」と、つねに感じてきたという。

「いつだって学生なんだよ。巨匠や達人にはなれない」と、彼は語った。

「つねに前進あるのみさ」

この心得は諜報の世界でも通じるし、私が起業したときにもこの姿勢を指針とした。できるだけオープンでいよう、柔軟でいようと努めたのだ。

そして諜報員時代に受けた訓練の数々は、錚々たる達人たちから学ぶ絶好のチャンスだ

った と考えるようにしている。つねに細心の注意を払い、誇り高く、優秀であるという強い自覚をもった俊才の面々からスパイのスキルを学ぶことができたのだから、私はじつに恵まれていた。そして、かれら自身もまた先達《せんだつ》たちから学んできたのだ。

こうして、教えは脈々と受け継がれていく。

だが同時に、こうした学びの鎖に名を連ねる者はそれぞれ、相当の自尊心《エゴ》をもっている（諜報の作戦を遂行するうえでも、どんな規模の会社を経営するうえでも、相当の自尊心は欠かせない）。ゆえに、あなたはリーダーとして自信をにじませ、すばやく決断をくだし、たとえ事態が暗転しても全責任を負う心構えをもたなければならない。

さらに、どんなときにも忘れてはならないことがある。

それは「**学ぶ姿勢をけっして忘れてはならない**」ということだ。

諜報の世界では、自分のことを「達人」だと思った瞬間に、あなたは自分（とチームメンバー）を窮地に追い込むことになる。その証拠に、私のきわめて優秀な元同僚で、CIAの諜報員養成所で教官を務めている男は、こう語った。

「訓練生に求められる資質のひとつは、批判を受けいれる能力だ。自分に対する批判だけでなく、ミッションやその結果に対する批判にも耳を傾けなくてはならないからだ。いったん現場にでたら、諜報員はひたすら情報の収集にあたる。そうした貴重な情報こそが、多くの人命を救うとわかっているからだ。だが、自分は万事心得ているなどと勘違いしようものなら、その瞬間に、きみはもう終わりなんだよ」

ビジネスでもそれは同じだ。起業家は自信をもって部下を引っ張り、厳しい決断をくだし、どのリスクを負うかを決め、問題が生じたらすぐに把握しなければならない。なにもかも、あなた次第なのだ。だから、そのあなたが他人の知恵を受けいれず、多様な才能をもつ人たちから新たなスキルを学ぼうとする姿勢を失えば、会社の成長も頭打ちになる。

私は社員（そしてもちろん、自分）が学ぶ姿勢を忘れないように、次の点を心がけている。

よき聞き手になる

スパイはすぐれた聞き手だ。これは、ビジネスパーソンにもぜひ見習ってもらいたい。相手の話をしっかりと聞けば、それだけであなたは自然と学んでいる。それに、あなたが関心をもっている企業、売りたい製品、連絡をとりたい相手について、いつなんどき、相手がぽろりと情報を漏らすかわからない。

自分の話をするよりも、まず、相手の話に耳を傾けることを優先すべし。

批判をすなおに受けいれる

だれにでも、独特の天賦の才と適性がある。だから批判されたときには、自分とは違う才能、経験、経歴をもつ人から学べる絶好の機会だと考え、ありがたく耳を傾けよう。

自分を積極的に変えていこうと心がける

自分自身を変えるよりも、会社の経営法や従来のルールを変えたがる人は多い。だが諜報員の場合、自分を変えて周囲に溶け込むことができず、自分を犠牲にできなければ、殺されてしまう。

だからときには足をとめ、みずからにこう言い聞かせなければならない。変わる必要があるのは、営業チームでも、マーケティング部門でも、社員でもない。「自分自身」が変わらなければならないのだ、と。

こちらの必要に応じて、物事が進むわけではない。ときには、変化を続ける状況に、ただこちらが順応するしかないこともある。

協力者を勧誘するときにも、偽名を考えだすときにも、スパイはけっして二度と同じ手法を使わない。だからあなたも、つねに新たなスキルや観点を身に付け、柔軟に対応を続けることを心がけよう。

有毒なエゴが成否を分ける

われわれ人間には限界があるものだが、諜報員は「その限界を押しあげる努力を続けよ」と、教えられている。スパイはスーパーマンではないが、「失敗するかも」と思っている人間は失敗しやすいのも事実だ。

映画「ミッション：インポッシブル」で、主人公イーサン・ハントを演じたトム・クルーズは、命綱もつけずにロッククライミングに挑んだり、空中で飛行機の機体にぶらさがったりした。たしかに私の知り合いのスパイのなかには、ナイフを使った取っ組み合いを避けるべく、真っ暗闇のなか、川に飛び込んだつわものもいるが、水中で6分間も息をとめていられるなどと勘違いした者はいない（イーサン・ハントはそれもやってのけた）。

諜報活動では、ビジネスと同様、「リスクを冒しながらもやり遂げる」ことと、「リスクを冒しすぎて失敗する」ことのあいだに、いわば紙一重の差がある。

その差を生みだすのが、エゴの強さだ。私自身、当人のエゴが強いばかりに取引が台無しになった例を何度も見てきた。

とてもじゃないが実行できないようなオファーやまったく儲けのでないオファーを受けたのであれば、辞退することもあるだろう。だが、自分の固定観念に縛られて状況を眺め、不合理な判断をくだしたのであれば、話は違ってくる。それはおそろしいミスだ。

あなたのミッションを建設的な方向に推進するには、まず、そうした有毒なエゴを自分がもたないように努力しなければならない（さらに、有毒なエゴをもつ人とはできるだけ仕事をしないように）。

エゴに害されないための4つのポイント

有毒なエゴに害されないために、次の点に留意しよう。

批判や辛口のフィードバックを分析する

けっして満足しない顧客に手を焼いた経験が、みなさんにもおありだろう。テクノロジーの発展により、いまやユーザーが簡単に製品やサービスを批判したり、辛口のコメントを残したりできるようになったからだ。

だが、文句を並べられたらすぐに忘れることにしている人は、ここで考えなおしてもらいたい。製品、パフォーマンス、顧客サービスへのフィードバックには例外なく価値がある。たとえそれが新入社員からのものであろうと、数十年の実績がある役員からのものであろうと、新たな顧客からのものであろうと、かならず価値があるのだ。

すべてをコントロールすることはできない

起業家は諜報員に欠かせない能力をそなえている。それは「なにもかもを自分でコントロールすることはできない」と自覚していることだ。

CIAは毎日、諜報員の活動を確認できるわけではない。そんなことをしていたら、ミッションなど遂行できるはずがない。CIAは諜報員に万全の訓練を実施する。そして、諜報員に適した性格であると判断すれば、その諜報員に仕事を任せる。

どの社員も担当の仕事をやり遂げるだけの能力がある。そう信じて、かれらに仕事に励むスペースと権限を与えるからこそ、各自が自分の責務をはたすことができるのだ。

イエスマンだけに囲まれていてはならない

CIAは慎重にパートナーの組み合わせを考える。それぞれが相手のスキルと能力を補完しあい、いっそう成果をあげる必要があるからだ。そして最適のパートナーと組めるからこそ、ミッションの遂行が可能になる（そして命を落とさずにすむ）。

たとえば敵国で活動するふたりの諜報員が、相手の意見にまったく異を差し挟まず、言われるがままに行動したり、決断をくだしたりしていたら、どうなるだろうか。最初のうちは、それでもうまくいくかもしれない。だが、相手に同意ばかりしていると、話し合いの場がまったく設けられなくなる。すると健全な議論ができなくなり、外国政府の建物に真っ昼間によじ登るのはやめたほうがいいとか、事業を拡張して倉庫を2棟も購入するのはいかがなものかという異論もでなくなる。

周囲にイエスマンばかり置き、だれも反論しなくなれば、あなたはいずれ有毒なエゴに害されることになるだろう。

実現不可能な目標は設定しない

いったんアナリストから要求事項を渡されたら、その事項をすべて遂行するのが諜報員の義務となる。さもないと、大勢の生命が危険にさらされかねないからだ。

そのため諜報の世界では、「達成可能」なものはなにかを全員が把握する。たしかに「限界を突破し、リスクを冒せ」と、われわれは叩き込まれる——だが、その目標を高く設定しすぎて、作戦全体を潰してはならない。

私自身、高い目標を掲げるのは立派なことだと思っているし、起業家として自分には高いハードルを設ける。だが諜報員としては、傲慢さやエゴのせいでとんでもなく高い目標を掲げるリスクがあることを承知している。諜報の世界でもビジネスの世界でも、実現不可能な目標を設定すると墓穴を掘ることになるからだ。

私の指導にあたってくれた教官たちは貴重な一連のスキルや知恵を惜しみなく伝授してくれたが、それと同時に、きわめて貴重な教えも諭してくれた。すなおに教えに耳を傾け、いつでも健全なエゴをもちつづけることが重要だと、身をもって教えてくれたのだ。これまで、心をひらいて相手の話に耳を傾け、学んでこなかったら、私は成功することなどできなかっただろう。私はパートナーとなった同僚の経験と専門知識を心から信頼した。そのおかげで、さまざまな知恵やコツを教えてもらえたし、新たな目標を達成することもできたのだ。

そして、ここでも釘を刺しておきたい。もしあなたが、自分の知識不足のせいでだれかに頼らざるをえない状況におちいったことがないのなら、それはあなたに自分を駆りたてる努力が足りないことを示している。

未知の世界に飛び込み、必要があれば助けを求める――そうすれば、あなたは成長を続けるはずだ。

「スパイ神話」のウソ、ホント

たとえ何歳でも、ＣＩＡでキャリアを始めることができる。

それはホント！

ＣＩＡで諜報員として活躍したいからといって、なにも大学卒業後、すぐに願書を提出する必要はない。ＣＩＡの職員の多くには、まったくべつの分野で長年経験を積み、成功したという経歴がある。私の同僚には、軍のさまざまな分野でキャリアを積んでから諜報員になったという者も多かった。最初は警察などの法執行機関に就職したという例も多い。

ＣＩＡという組織は、さまざまな経歴やスキルをもつ人を必要としている。よって、新卒だけを募集しているわけではない。学士号は必須の条件となっているが、それはビジネス、国際関係、経済、金融、化学工学など、多様な分野の知識をもつ人材を求めているからだ。ＣＩＡ本部に集まる職員の顔ぶれを見ると、じつに多様性に富んでいるのがよくわかる。

なんといってもアメリカ合衆国を守るためには、異なるスキル、経歴、性格をもち、多様な人生経験を積んできた人材が必要なのだから。

第10章 的確な状況判断をする技術

ビジネスを飛躍させるシンプルな戦術

人生では、このうえなくシンプルな考え方が最大の力を発揮するものだ。これは諜報員の訓練にもあてはまる。私はよく「あなたが訓練を通じて学んだ、もっとも貴重な教訓はなんですか？」と尋ねられる。当然のことながら、私は護身術を身に付けた。おかげで、いまではだれが相手でもわが身を守れるという自信をもっている（とはいえ、肉体を駆使する対決はなんとしても避けろと教えられてもきたが）。それに、ジェームズ・ボンド張《ば》りのスキルもいくつか身に付けた。たとえば私は相手がだれであろうと、こちらの存在を悟られずに尾行することができる。

とはいえ、私が学んだもっとも貴重な教訓は、まったく華々しいものではない。スリルも興奮もない。ジェームズ・ボンドやジェイソン・ボーンが映画でそんな教訓を守っているシーンもないはずだ。だが、この教訓をいかした戦略をとらないと、非常時に人々が殺されたり、会社が倒産したりしかねない。

訓練を受けはじめてすぐ、諜報員は重要な考え方を学ぶ。

おかげで、私の人生は変わったのだ。

状況判断力——身の安全を守るための最重要課題

万人に身に付けていただきたい習慣の力をひとつに絞るとするなら、それはまちがいなく「状況判断力」だ。

状況判断とは、**つねに周囲のようすを警戒し、注意を払いつづける**ことを指す。

そんなこと簡単じゃないか、と思われる方もおいでだろう。たしかに、ついスマホを見る、歩きながらSNSでメッセージを送る、公共交通機関の利用中にゲームで遊ぶ、脇目もふらずに道を歩くといった習慣がないのなら、そう言えるのかもしれないが。

諜報員と一般市民の大きな違い、それは状況判断力だ。一般市民は周囲の環境のことをできるだけ忘れようとするが、諜報員は街中でヘッドフォンをつけてお気に入りのプレイリストを聴き、路上の騒音をすべて遮断するような真似はしない。周囲に響く音、そこに見えるシグナルは、諜報員にとっては日常がつつがなく進行していることを意味するからだ。

とはいえ、いつなんどき、なにが起こるかはわからない。あなたもこれまでニュース番組で、事故の目撃者が興奮したようすでこう語るのを目にしたことがあるはずだ。

「車が突然、どこからともなくあらわれたんです！」

というよりも、すべては突然、どこからともなくあらわれるのだ。

ゆえに諜報員は「つねに周囲を警戒し、状況を評価しろ」と叩き込まれる。そうすれば油断せずにすむうえ、なにか問題が生じてもすぐに対処できる。

照準から外れろ――問題が生じたら、即座になにをすべきか

訓練の初期に叩き込まれたもうひとつの心得は「照準から外れろ《オフ・ザ・エックス》」だ。この「照準」とは、敵に狙われている地点を指す場合もあれば、そこが危険地帯で、そのままとどまっていたら命を落とす可能性があることを指す場合もある。そうした状況におちいったとき、自分の命を救う唯一の方法は、それが銃撃であれ自然災害であれ、「**その場を離れる**」ことだ。それも、即座に。

緊急事態に直面したら、私もそうするよ。そんなふうに思った方は、人間には「動こうとしない」本能があることを自覚していただきたい。命に関わる脅威に直面すると、即座

にこの場所から離れたほうがいいと頭ではわかっていても、身体が固まってしまうのだ。

私は初の著書『状況認識力UPがあなたを守る』で、ある飛行機事故の惨事が衝突ではなく、その後の火災により生じたことを説明した。そして、ある夫婦の体験談を引用した。飛行機が衝突事故を起こしたあと、その夫婦は機体が炎上する前に、機内から脱出することに成功した。なぜなら、ふたりは必死で身体を動かし、その場から離れることができたからだ。だが、夫妻の友人は立ちあがって逃げだすことができず、残念ながら命を落としたという。

このように危険と直面すると、人間は本能的につい固まってしまうのだ。そして、その本能の力を抑え込むのは、みなさんの想像よりずっとむずかしい。

状況判断力を駆使する——私が訓練で得た最大の教訓

会社を立ちあげた人間のご多分に漏れず、私も日々、無数の決断をくだすことを迫られた。ブランディングはどうするのか、パソコンの機器やソフトウェアといった備品はなにを調達するのか、発送業者はどこにするのか、スタッフは雇用すべきなのか、雇用するならだれを雇うべきか……しなければならないことは山積していた。膨大な作業量にめまいを覚えたし、細部まで詰めていると身動きできなくなるような気がした。

こうして私が世界最長とも思える「することリスト」をひとつずつ片付けていくあいだにも、世の中はふだんどおり動いていた。ほかにもさまざまな会社が立ちあがり、サバイバルやセキュリティ関連のカンファレンスが開催され、人々は新たなサイバーセキュリティの脅威や新手のネット詐欺に苦慮していた。

ＣＩＡで勤務を始めた初日から、私は状況判断の重要性を繰り返し教えられてきた。そして銃の扱い方や護身術より、この「状況判断力」こそが命を救うことがわかってきた。そしていま、私は自分の稼ぎに責任を負っている。よって、サバイバルや護身術といった業界の状況を把握しなければならない。

自明の理に思えるかもしれないが、ビジネスマンならだれもが、ライバルの動向を把握する努力を継続しなければならないことを承知している。

だが状況判断とは、過剰にぴりぴりと警戒することではない。ふだんからつねに周囲に注意を払う意識を身に付け、それを常態にすることを指す。

諜報の世界では、この状態を「黄色の状態《コードイエロー》」と呼ぶ。黄色の状態では、周囲の状況に注意を払ってはいるものの、すべてを過剰に分析して、ふだんの行動さえとれなくなっているわけではない（いっぽう「オレンジ色の状態《コードオレンジ》」では警戒態勢に入るが、それは一時的なことだ）。

よって、ビジネスにおいても、つねに「黄色の状態」をキープできれば、本当に知る必要があるものに集中し、大量の情報にまどわされずにすむ。

さらに「照準から外れろ」の重要性も、私はよく理解していた。もし、鋭いナイフをもって何者かがこちらに走ってきたら、私がえじきにならずにすむ唯一の方法は、そこから動いて逃げることだ。

同様に、起業後、書類やメモの山に埋もれてデスクに座っていたとき、私はハタと気づいた。このまま同じことを繰り返していたら、私は照準から外れられなくなるぞ、と。書類、することとリスト、申し込み用紙、ファイルの山をこのままコントロールできずにいれば、私は潰されてしまう。

この状況から脱出するには、慎重かつ迅速に、決断をくだしていかなければならない。手軽に大量の情報を入手できる現代だからこそ、過剰な分析に時間を割き、身動きできなくなってはならないのだ。指先をちょっと動かすだけでなんでも情報を得られれば、リサーチ、レビュー、記事、論文の渦に簡単に呑み込まれ、身動きできなくなる。

そう気づいた私は、訓練で学んだ戦略を活用し、作業を合理化し、前進を続け、効率のいい会社経営を実現できるようになった。

次に、状況判断力を身に付ける簡単な方法をいくつか紹介しよう。

長期と短期のタスクに分ける

考えすぎて身動きできなくなる「分析麻痺」におちいらないよう、私はつねに留意している。とはいえ、なかには多くの意思決定を必要とする計画もあるため、起業家が途中で分析麻痺におちいることもめずらしくない。

だが諜報の世界では、そのまま同じ場所にとどまっていようものなら、命を落とす。だから、ビジネスの世界でもあなたは身動きできない状況から脱出しなければならない。的確な判断をくだし、実行するのだ。

わが社では、タスクを長期のものと短期のものに分けて考えている。短期に分けられるタスクは、24時間以内に決断をくださなければならないものだ。たとえばニューズレターの新デザイン決定、記事のアイディア、飛行機を利用する受講者のための移動手段の手配などが、これにあたる。いっぽう長期タスクとしては、新たな発送手続きの決定、オンラインセミナーのアイディア、新たな著書のテーマの検討などが挙げられる。

意思決定のプロセスで行き詰まっていることを自覚できるのは、あなただけだ。

万が一行き詰まったら、目の前のタスクにすぐ決断をくださなければならないのか、もっと時間をかけて検討する必要があるのか、判断しよう。そして短期に分けたタスクに関しては、いつまでに完了すればいいのか、事前に期日を決めておこう。

その際は、賢い決断をくだせる程度の時間を設けることが肝心だ。あまり時間をかけすぎると、過剰分析の罠におちいり、さらなる問題を招いてしまう。

このシンプルな手法で意思決定を要するタスクを区別していけば、日常生活をスムーズに送れるようになり、用事を早く片付けられるようにもなって、ストレスを軽減できるはずだ。

最高の情報源を見つける

ライバルの動向や業界のテクノロジーの日進月歩に目を光らせるのは大切だが、関連情報のすべてを入手しようと躍起になる必要はない。評価すべき情報の基盤を定めたら、それに集中しよう。もっとも価値のある有益な情報を提供してくれるはずのイベント、会社、関係者、出版物を選んだら、徹底してそこに集中するのだ。

スパイは街中を歩きまわって、やみくもに30人以上の相手に聞き込みをするような真似はしない。最高の情報源はこの人物だといったん決めたら、そこから得た情報を最大限に利用するのだ。

ビジネスの「ベースライン」を把握する

ビジネスの「ベースライン」を把握するのは、基本中の基本だ。これには毎月のおおよその収入、出費、ある商品の受注数、社員がひとつのプロジェクトを完了するのに要する時間などが含まれる。大手企業であれば、社内のすべての動きを漏れなく把握するソフトウェアを活用しているだろうし、現状を把握するアナリストも雇っているだろう。

だがベースラインさえ把握しておけば、だれでも同様の分析をすることができる。経費がかかりすぎてホトホト困っている？　それなら業者の変更を検討するか、社員に経費削減を命じるべきかもしれない。あなたが私のような中小事業の経営者なら、ベースラインさえ把握しておけば、状況が悪化する前に早急に手を打てるはずだ。

「スパイ神話」のウソ、ホント

機密情報に関与しているのは、ほんの一握りの精鋭だけ。

それはウソ！

本書ではたびたびCIA時代の私の同僚の話をとりあげてきたが、ひょっとするとみなさんは、そうした同僚が例外なくスパイだと思っているのではないだろうか。

だが実際には、そんなことはまったくない。CIAにはさまざまな分野で諜報の任務に取り組んでいる職員がいて、そのなかには当然、機密情報を扱う職員もいる。そもそもアメリカ合衆国では、機密情報を閲覧する許可を500万人以上が得ており、機密に属するデータにアクセスできる。そのうえ150万人近い人が「最高機密」を閲覧する許可を得ているのだ。

「最高機密」と聞けば、わが国の最重要情報が含まれていると思われるだろうが、実際には、最高機密を閲覧する許可を得た人もいくつかのセキュリティ・レベルに分けられる。

こうした権力の中枢にいるトップレベルの人たちの情報は機密事項であり、私はかれらのコードネームさえ知らない。これは本当の話だ。

第11章

「無駄」は徹底的に排除する

「より少ない」資源で経営を成功させるには

溜めるんじゃない、削っていけ。毎日、なにかを増やすんじゃなく、減らしていけ。ムダなものをそぎ落とすからこそ、高みに達するんだ。

——ブルース・リー

経営者としてまだ駆け出しだった頃、私は地元の商工会議所に加入した（人脈づくりのためと、講演会の契約を得るチャンスのためだ）。そしてしぶしぶ加入金を支払い、地元の顔役ともいえる二大派閥に属する人たちの一員となった（痛い出費だったが、その価値はあった）。

商工会議所のイベントを通じてコネができたおかげで、出費をはるかにしのぐ利益をあげることができたが、そうした機会で得たもっとも有益なみやげは、なんといっても貴重な助言の数々だった。そのなかには何度か耳にしたアドバイスもあって、当初はぴんとこなかったものの、しだいにその重みを実感するようになった。

それは「事業規模を拡大するときには、出費に気をつけろ。諸経費にも注意しろよ」という助言である。

起業家はたいてい、ある種の「起業家ライフサイクル」を送るようになる。「起業家ライフサイクル」とは、まず会社を立ちあげ、最初のうちはなんでもかんでも自分でこなす。起業資金はたいてい自腹を切っている。そして、文字どおり朝から晩まで休みなしで働きつづける。

やがて事業が軌道に乗ると、ひとりかふたり社員を雇い、自分の仕事量を少し減らせる。その後も順調にいけば、社員の数を増やし、ビジネスは大きく飛躍する。注文が次から次へと舞い込み、電話が鳴りつづけ、強固な顧客基盤ができる。そしていつのまにか、ほんの数人だった社員は十数人となり、もっと広いオフィスを借りることになる。

このサイクルを繰り返さなければ会社は生き残れないように思えるかもしれないが、このサイクルを続けるには費用がかかる。事業規模を拡大し、どんどんカネが入ってくるにつれ、大きな頭痛のタネができる。そして、その痛みはどんどん激しくなり、これまでと同じように「起業家ライフサイクル」を送るのがむずかしくなってきたことを痛感するのだ。人員、広いオフィス、備品——そのすべてに経費がかかり、頭痛を引き起こしていたのである。そして、あなたはふいに悟る。大きくなった会社を支えるために、さらに会社を大きくしなければならないという強迫観念に駆られていたのだ、と（まさにパラドックスだ）。

そのいっぽうで、あなたの最大の課題も変わってきている。もう新規顧客の獲得や新製品の製造法について頭を悩ますことはないが、いまでは社員の福利厚生や倉庫の修繕に関する決断を迫られ、ストレスを感じている。こんな毎日は、あなたが思い描いていたライフスタイルとはかけ離れている。あなたとしては、収益が増えればこうした頭痛のタネも減るのではないかと期待するしかない。

さて、いっぽう私は、自宅のオフィスで本書を執筆している。通勤時間は10秒ほど。テレビ番組出演や講演の予定がないかぎり、スーツやネクタイを着用する必要もない。妻と子どもたちは2階にいる。いい人生だ。

それに私は、身の安全やサバイバルに関するアイテム、書籍、オンライン講座などを販売し、数百万ドルの売上を達成した——そのうえ、どの商品も私が胸を張ってお薦めできるものばかりだ。

だが、私が獲得したもっとも大切なものは、このすべてをいっさいのストレス抜きで、できるだけ効率よく達成する秘策を編みだしたことだ。

わが社の経営法を一から見直し、なんと1カ月につき4万ドルの経費削減に成功したのである。

起業家ライフサイクルを順調に送っていた私は複数の社員を雇ったり、商品の荷造りと発送をおこなうための倉庫を借りたりしただけでなく——オフィスビルまで購入した。すぐさま、とんでもない額の経費がのしかかってきた。そして事業規模を拡大するにつれ、社員の数も増えていった。

だが、やがて、大半の社員がきわめて優秀であるにもかかわらず、ごく一部の社員は基準に達しておらず、辞めてもらわざるをえないことが判明した。

その結果、本来であれば新製品に関して活発な議論をかわしたり、テレビ番組に出演して商品の売り込みをしたりすべきなのに、私は社員の報酬の検討やオフィスビルの修理への対応で忙殺されるようになった。どれもそれほど多くの仕事量を要するわけではなかったが、会社が大きくなった結果、わが社はその重みに耐えきれなくなっていたのである。

スパイが現場でミッションの遂行にあたるときには、必要なものがすべて揃っていることが肝心だ——高倍率の双眼鏡であろうと、平凡なミニバンのように見える防弾車であろうと。そのうえ、水、マッチ、弾薬などは十分な量が必要となる。ところが、それ以外の荷物はすべて重荷となる。携帯しなければならないうえ、つねに目を光らせなければならず、いざとなったら置いていかなければならないからだ。だからスパイは余計な荷物をできるだけ減らし、必要最小限の物しか携行しない。

それなのに、なぜ会社では正反対のことをしているのだろう？　そこで私は経営に本当に必要なものを厳選することにした……そして残りは削減したのである。

本当に必要なものを厳選する方法

ミッションを遂行する見込みを最大化するために、すなわち会社経営を成功させるために（つまり利益をあげるために）、私は次の点に留意した。

この作戦を実行するうえで、中心的な役割を担うのはだれか？

社員のなかには、このミッションを担うチームの要《かなめ》となる社員が何人かいる。顧客サービス担当者とマーケティング担当者、そしてＩＴに詳しい社員だ。私はかれらの尽力に感謝している。だから、かれらが重要な役割をはたしていることを明言するようにしている。

フリーランスとの人脈を、どうすれば活用できる？

テクノロジー時代が到来したおかげで、コピーライティング、梱包、発送といった専門的な仕事にたずさわるフリーランスを簡単にさがしだせるようになった。そこで私は複数の業務を外注することにした。すると経費を削減できただけでなく、すばらしい才能をもつフリーランスたちと人脈を築くことができた。

もし、すでにフリーランスの人材を活用していたのに仕事量がいっそう増えてきた場合、またべつの専門知識をもつ人材に連絡をとりたい場合、ほかのフリーランスに連絡をとり、力を貸してもらおう。

本当に必要としている「ベース」とはなんだろう?

私の場合、購入したオフィスビルを売りにだし、実際に販売に成功すると、その後の業務はとても楽になった。いままでは、すべての注文は外注先で対処してもらえるようになり、もう倉庫のことで頭を悩ませる必要はない。イベントや打ち合わせのために部屋が必要な場合は、簡単に会議室を借りることができる。

余計なものは「贅沢品」ではなく「重荷」

こうして手を尽くした結果、私は1カ月につき4万ドルの経費削減に成功した。それはただカネの問題ではない——私の時間と生活の質の問題なのだ。

起業後は、自分が本当に必要としているものはなにかを考える必要がある。なにも、ひとりですべての重荷を負いなさいと言っているわけではないが、あなたの事業が波に乗り、利益をだせるようになるには、なにが欠かせないのか、真摯に考えてみよう。

スパイが現地でミッションに臨むとき、余計なものは「贅沢品」ではなく「重荷」と見なされる。そして、ときにはこのふたつを見わけるのが困難なこともある。

これは私のビジネスに必要不可欠だろうか？　それとも、これがあるほうが便利だと思い込んでいるだけだろうか？

本章の冒頭で、偉大なるブルース・リーの名言を引用した。私はこの名言をデスクの上に飾り、「少ないほうが多い」のだと、自分に言い聞かせるようにしている。

「少ない」とは、経費が少ないこと、そして複雑なものをできるだけシンプルにすることを意味する。これを実践すれば、私にとってこの世でいちばん大切な人たちと一緒にすごす時間は増えるのだ。そして、ご想像のとおり、その人たちはこの部屋の真上にいる。

第12章

超一流のスパイがもつ「誠実」という武器

誠実なメンバーだけでチームをつくる

日々、こんなニュースが流れてくる。ベビーシッターが預かっていた子どもを虐待する現場を押さえられた、中小企業の経理担当者が数十万ドルを横領していた、従業員が勤務先の店から数千ドル相当の商品を盗んだ……。こうしたうんざりするようなニュースは次から次へと報道されてはいるものの、私自身はこう固く信じている。

99％の人たちは善良で、礼儀正しく、正直だ、と。

そして私は、その99％の人たちと働きたいと思っている。

幸い、私には、誠実で勤勉な人だけを採用するスキルがある。というのも、ご想像のとおり、諜報員は人間ウソ発見器と化す訓練を受けた結果、詐欺も察知できるようになるからだ。さらに一緒に仕事をしている仲間のなかには、この分野の専門家もいるため、盗人や不誠実な人間を採用するリスクを避けるノウハウの基本も熟知している。

それと同時に、自分がかならずしも真実だけを述べてはいない事実を相手に悟られないことも肝心だ。そのために注意すべきしぐさや態度などを把握しておけば、就職の面接で、あるいは人脈づくりの場で、あなたは優位に立つことができる。

私は面接の場で、次の鉄則を守っている。

鉄則① 質問をした直後の3~5秒で評価せよ

面接で、あなたは応募者から経歴や職歴について詳しく説明してもらった。会話も弾み、すべてをかんがみて、なんの問題もないように思われた……ただ一点をのぞいては。

この人物を本当に信用していいのかどうか、どうすればわかるのだろう？

私自身、これまでおこなった数々の面接で、一見、すばらしい人材のように思えた応募者と話をしてきた。だが、ある重要な質問を投げかけたとたんに、「ああ、この人は採用できない」と思ったことが何度もあった。

この重要な質問をした直後の3~5秒で、その事実がわかるのだ。

いったい、どうやって？　その答えはシンプルそのもの。人間とは本来、とんでもないウソつきだからだ。そこで私は、採用を検討している応募者に、かならず次の質問を投げかけることにしている。

「あなたが最後になにかを盗んだときのことを話してください」

この質問の言い回しは慎重に考えられている。「なにかを盗んだことがありますか?」とは尋ねていない。「あなたが最後になにかを盗んだときのことを話してください」と言っているのだ。これは政府機関が新人を採用するときに尋ねる質問と同様のフレーズだ。当局は応募者を座らせ、「きみが最後にドラッグを使ったときのことを話してくれ」と言うのだ。たいていの人間は学生時代にマリファナを吸うといった愚行を犯していると考えているからだ。このように、**その行為を「したかどうか」ではなく、「した」ことを前提に質問する**ことで、相手はウソをついたり、ごまかしたりしにくくなる。

そして、このときの応募者の反応が、返答と同じくらい重要な意味をもつ。大半の人間はすぐに返事をするので、正直かつ誠実に対応していることがわかる。そうした返答の大半は「10歳のときに食料品店でスナックバーを盗みました」とか、「小学生の頃、リュックに図書館の本を入れて、貸し出し手続きをしないで外にでました」とかいったものだ。

なにかを盗んだ経験が、だれにだってあるのだ——たとえそれが、病院の診察室に置いてあったボウルから飴を余計にもらってきたという程度であろうと。

それは子どもにとって、ごく当たり前のことなのだ。子どもはそうやって限度を試していく。そしてしだいに、悪いことをしたあとには、それが悪いことだったとすぐにわかるようになる。

だから応募者がすぐに返事をして、「スナックバーを盗みました」と正直に話せば、私は及第点を与える。なぜなら、それはごく当然のことであり、それだけで危険信号が点滅するわけではないからだ。

ところが、私の頭のなかですぐに警報が鳴る場合もある。それは、応募者が次のような反応を見せたときだ。

- 居心地が悪そうに、もじもじ、そわそわする。
- 言葉がつっかえる。
- しばらく沈黙が続く。
- 無表情のまま、ぼんやりとした目つきをする。

人間はとんでもないウソつきだから、返答に困る質問をされれば、さて、どうしたものかと、脳はフル回転を始める。だから上記のような反応を見せる人は、どうにかして誠実な人間のように体裁をとりつくろい、就職に成功したいと考えている。

かつて、この質問を投げかけたところ、とたんにもぞもぞしはじめた女性がいた。そして、その顔に浮かんだ表情は「ヘッドライトに照らされた鹿」そのものだった。そこで私は、だれでも人生のある時点で盗みをはたらいた経験があるものです、と説明した。

「それはごく当然のことで、問題はないんですよ」と私は言った。「人間は愚かなことをするものですから」

すると、その女性はとたんに背筋を伸ばし、以前の勤務先のオフィスから備品を山ほど盗んだことがある、と打ち明けた。ところが、その後、彼女の話は常軌を逸しはじめた。

彼女が盗んだのはペーパークリップ一握りとか、ペンを数本とかいう程度ではなかった。勤務先と競合ビジネスを始める計画を立てていたので、盗品で備品一式を揃えて起業に必要な経費を節約しようとしたという。

この女性を採用するわけにはいかないと、私は即断した。いいおとながこれほどの盗みをはたらいておいて、それでも問題ないと考えている。それだけでも衝撃的だったが、こんな話を将来の雇用主になる可能性がある相手に平然と告白しているのだから、まったくもって言語道断だ。

鉄則② うなずきはウソをつかない

うなずく動作には、滑稽なまでに本心があらわれる。詐欺行為を見破る訓練を受けてきた諜報員なら、かならずこの動作に気づく——ときには我慢できずに笑いだしてしまうほどだ。ことほどさように、首の動きは真実を物語る。

たとえば、あなたがクッキーの缶をあけたところ、なかが空っぽだったら、「クッキー、食べたの?」とお子さんに尋ねるだろう。するとお子さんは、顔にクッキーのかけらがついているのに「食べてない」と言い張る。そんなとき、お子さんは思わずうなずいているはずだ。

同様の光景を、みなさんはテレビでもご覧になっているはずだ。たとえば例の不倫騒動があった頃、結婚生活について尋ねたところ、「ビルとはうまくいっています」と、ヒラリー・クリントンは応じた——首を横に振りながら。同じことは、隠し子騒動で追いつめられた元上院議員、ジョン・エドワーズにもあてはまる。2008年、「胸を張って実父確定検査を受ける」と言ったとき、彼はあきらかに首を横に振っていたのである。

同様に、応募者が面接の場で「同僚とトラブルを起こしたことなどありません」と説明しながらも、首を縦に振っていたら、その動作が彼の本音を示している——口頭では正反対のことを言っているとしても。ボディーランゲージの専門家であれば「自分が言っていることと、首の動きをかならず一致させなさい」と、アドバイスするだろう。

だから、「いいえ、逮捕されたことなどありません」と返答したとしても、首をゆっくりと縦に振っているのであれば、その相手はウソをついているのだ。

鉄則③ 空間の描写、感情の説明、短縮形の有無に着目する

自分の体験談について話している人が、そのときの空間に関する描写や、どう感じたかという説明をしない場合、ウソをついている可能性がある。たとえば相手が、自分の活躍のおかげで暗礁に乗りあげていた交渉を無事成功させることができたと話しているとしよう。その説明に、あたりのようすや、自分の感覚に関する描写がまったくでてこない場合は用心したほうがいい。
「会議室まで歩いていく道のりが、とてつもなく長く感じられました」（空間に関する描写）
「いい気分でした。取引に失敗したらどうしようと、それまで不安でたまらなかったんですよ」（自分がどう感じたかという説明）
こうした説明や描写が含まれていれば、その話は真実である可能性が高い。
もうひとつ、留意すべき失敗がある。ウソつきは話しているときに短縮形を使わない。

つまりカジュアルな口調を避け、きちんとした言葉を使うのだ。有名なのはビル・クリントンが「あの女性とはセックスしていません」と言った例だ。「してない」(didn't)ではなく、「していません」(did not)を使ったのである。

その反対に、シェリル・サンドバーグがPBSのインタビューに応じたとき、フェイスブックの大規模な情報漏洩について尋ねられると、短縮形を使って「私たちの努力が足りなかった」(didn't)と述べた。そう言いながら、彼女ははっきりと首を縦に振り、うなずいていたのである。それは、彼女が真意を述べていることを示していた。

鉄則④「つなぎ言葉」は要注意

会話のなかで使う「つなぎ言葉」は、文と文のあいだの溝を埋める役割をはたす。ウソをついている人は、都合の悪いことをごまかそうとするとき、この「つなぎ言葉」をよく使う。もし、相手が次に挙げるような「つなぎ言葉」をたびたび使うようなら、注意が必要だ。

- 「それから……」
- 「それから、私/彼女/彼/私たちは……」

・「その次に……」
・「気がついたら……」
・「あれよあれよという間に……」
・「次に起こったのは……」
・「突然……」

以上の4つの鉄則を活用すれば、あなたは面接で悪人を採用せずにすむはずだ。

とはいえ、ほかにも手を打つべき点はある。私はいつも驚くのだが、求人の応募者に対する経歴チェックを怠る人は多い。だが、応募者の経歴をしっかりと確認するのはそこまで骨の折れる仕事ではないし、それほど費用もかからない。そのうえ、ここでしっかりと手を打っておけば、将来、起こりうるトラブルを回避できるうえ、多大な時間をムダにせずにすむ。

あなたの会社は、あなたの最大の資産だ。だからこそ、最高の人材を採用できたと確信できるように手を尽くし、万全を期すべきだ。

［スパイの裏ワザ］

■ 間接的な質問を利用して、応募者の真意をさぐる

もちろん、間接的な質問をして相手の本心をさぐりだそうとするのは、スパイだけではない。いまでは多くの企業がこの手法を利用して応募者から情報を引きだそうとしている。相手の返答によってスキル、知識、価値観、問題解決力をさぐることができるのだ。

諜報員の観点から見ても、このメソッドはきわめて有効で、簡単に実行できる。

次に、わが社がよく応募者に尋ねる間接的な質問の例を挙げるので、参考にしてもらいたい。

▼応募者に尋ねる間接的な質問のリスト

おおまかな性格を把握する

「好きな色はなんですか？」

赤を好む人は攻撃的、挑戦的なタイプ。

青や緑を好む人は、穏やかなタイプ。

リーダーとして主導し、組織をつくり、評価する能力を把握する

「たくさんの猫を飼っているとしたら、どうやって世話をしますか？」

問題解決力を把握する

「ミキサーのなかに閉じ込められたとしたら、どうやって脱出しますか？」

難題を克服する能力を把握する

「〝ゼラチン〟という単語を使わずに、ゼリーの定義を説明してください」

楽観的な考え方をする人で、可能性に対して前向きかどうかを把握する

「地球外生命体はいると思いますか？」

誠実度を把握する（答える前にしばらく間を置くか、不安そうな表情を浮かべるかにも留意する）

「あなたが最後になにかを盗んだときのことを話してください」

組織改革に対する意識を把握する

「あなたが前職の会社のCEOだとしたら、会社のどんなところを変えますか？」

自分自身の価値やスキルをどう自覚しているかを把握する

「あなた自身が株式だとしたら、なぜ、あなたを買うべきなのか、理由を教えてください」

「スパイ神話」のウソ、ホント

スパイはたいてい地元のバーやいかがわしい店をうろついている。

それはウソ！

まあ、たまにはそういうこともある。スパイは協力者になってくれそうな人間をさがしだす努力を続けているため、ときにはいかがわしいバーをうろつくこともあるだろう。

とはいえ、街中でスパイが出没してもおかしくない場所が一カ所だけある。それは町の書店だ。信じられないかもしれないが、スパイはよく作戦を開始する基地として書店を利用する。というのも、書店なら静かにあれこれ本を見てまわっていても、怪しまれずにすむからだ。書店には人がたくさんいて、立ち読みしている人も多い。だから、訓練を受けている最中のスパイはよく書店にたむろしている。まったく不審に思われることなく、次の指示を待つのだ。

良識ある判断力がビジネスを急成長させる

きわめて優秀なある同僚は、これまで長年、諜報員としてわが国に忠義を尽くしてきた。その彼がいみじくも私にこう言ったことがある。

「スパイのスキルは、良識ある判断力を強化したものにすぎない」と。

突きつめて考えれば、まったくそのとおりだ。諜報員は訓練を通じて、生来の判断力に磨きをかける。判断力を調整し、伸ばし、完成させ、とぎすまされた感覚へと変貌させるのだ。つまり、もともと自分のなかにある判断力の精度を高め、もっと強力かつ強大なものへと進化させるのだ。そのプロセスには何年もかかるが、いったんそうした良識ある判断力を身に付ければ、世界の見方が変わり、周囲の環境への認識も変わってくる。

ミッションを成功させるには、いくつかカギを握る要素があると、これまで述べてきた。それは忠誠心、学ぼうとする姿勢、コミュニケーション、準備だ。いっぽう人生の良識としては、友人、家族、同僚を大切にする、新たな考え方にもつねに心をひらく、日々、人々とふさわしいやり方で交流する、不測の事態にそなえるといったことが挙げられるだろう。スパイの世界では、こうした良識に基づいた判断力こそが絶対的な価値をもち、生死を分けることも、成否を決めることもある。

私自身、ＣＩＡを辞め、起業してから、こうした良識ある判断力こそが経営の完璧な指針となることを実感してきた。あなたも自分の判断力を見つめなおし、その能力を予想を超えたレベルにまで高めれば、人生の指針が定まるうえ、貴社を大きく成長させる方向性も見えてくるはずだ。

謝辞

私がこれまでに指導を仰いだ世界最高のスパイたちとセールスパーソンたちに心から感謝する。

本書は大勢の方たちの尽力がなければ刊行できなかっただろう。編集者のマシュー・ダッドーナ、きみの献身、勤労、不断の努力に感謝する。そしてまたデイ・ストリートのスタッフ全員のおかげで、本書が刊行されたことをありがたく思う。リン・グレイディ、キャリー・ソーントン、ケンドラ・ニュートン、アリソン・ヒンチクリフ、ケリー・ルドルフ、ベンジャミン・スタインバーグ、デヴィッド・パルマー、ナーエムカイ・ワリアヤ、アンドレア・モリトー、メラニー・ベダー、シュ・チョン、レナータ・デオリベーラ、プロイ・シリパンの面々に深謝。フォンドリーの私のエージェント、クリステン・ネウハウス、それにポーラ・バルザーの力を借りて、私は自分のビジョンを実現することができた。そして変わることなく、すばらしい妻のアマンダに感謝を。きみの支えがなければ、私はなにもなし遂げられなかっただろう。最後に、わが国を守るために粉骨砕身の努力を続けている、ＣＩＡの驚嘆すべき諸兄姉に深謝する。

訳者あとがき

CIAの諜報員を目指す者は訓練初日から「世界一のセールスパーソン」になる方法を叩き込まれる。もっともな話だ。なにしろ、アメリカと敵対関係にある国の人物に「国家に対する裏切り」を売り込もうというのだから。よって訓練は過酷をきわめる。そうした過酷な訓練に合格した者だけが晴れて諜報員となるわけだが、著者ジェイソン・ハンソンは10年ほどの在職中に、ずば抜けて有能な諜報員であることを認められ、CIAから2度も賞を与えられている。諜報員としてだけではなく、「セールスパーソン」としてもきわめて有能であることが認められたともいえるだろう。

そんな著者が満を持して記した初のビジネス書が本書だ。とはいえ、内容にこむずかしいところはいっさいなく、とてもわかりやすい。それもそのはず、著者はアメリカのテレビ番組に出演してサバイバル・スキルなどを伝授し、人気を博している経営者でもあるからだ。難解なことを平易に、すっきりと伝えるコミュニケーション能力が高い人なのだ。そのうえ、どちらかといえば社交は苦手で内向的という人柄は誠実そのもの。著者のような経営者の下で働ける社員がうらやましいとさえ思ったほどだ。よって本書には、人と話すのがあまり得意ではないという方や自分をアピールするのが不得手だという方、その反対に、つい夢中になって一方的に話しすぎてしまう方など、さまざまなタイプの読者が参考にできるビジネスのヒントが盛り込まれている。

また著者は、有能な経営者に学歴は関係ないと考えている。実際、CIAの諜報員にも多彩な経歴の持ち主がいたと振り返ったうえで「卒業証書1枚あれば、経営者として成功できるわけではない」と明言している。本書で伝授する心理術を活用し、良識を基盤に誠心誠意、効率よく、ときには辛抱強く仕事に取り組む。そうすればかならず成果をあげられると、著者は励ましている。

著者は現在、起業家のビジネス拡大をサポートするマーケティング会社と、スパイ・エスケイプ&イヴェイジョン（「スパイ式脱出・回避術」の意）社の経営者として活躍中。後者では政治家や著名人へのセキュリティサービスの提供、市民への護身術トレーニングのほか、サバイバルグッズ販売などを展開している。「世界一のセールスパーソン」になる方法をCIAで叩き込まれたからこそ、自分は起業家としても成功できたのだと断言したうえで、本書ではセールスに応用できるそのノウハウを惜しみなく披露している。また実際にCIAの諜報員が体験したストーリーも効果的に織り込んでいるので、読者はスパイ小説を楽しむようにして諜報員のスキルを学べる仕組みになっている。

さて、本書で著者が説明しているように、世間では「スパイ」と聞くと、007のジェームズ・ボンドのような「諜報員」本人の姿を思い浮かべる人が多い。本来は諜報員に協力する「協力者」のことを「スパイ」と呼ぶのだが、本書では世間のイメージにあわせて著者自身があえて「諜報員」を「スパイ」と呼んでいるので、ご了承いただきたい。

また、そうした諜報員が従事するのが「インテリジェンス」（広義の諜報）である。インフォメーション（情報）が単なるデータであるとすれば、「インテリジェンス」とはその情報を収集・分析する活動、またはその分析によって作成される報告書などを指す。近年、こうしたインテリジェンスが経営の観点からも重視されており、海外の大学では諜報活動について教えるプログラムも増えている。先行きが不透明な時代だからこそ、状況を的確に判断し、収集した情報を分析し、そこから行動を起こす能力が求められているのだろう。

本書ではCIAが諜報活動で採用している「SADRサイクル」をセールステクニックとして活用する方法が説明されているほか、状況判断力の重要性、またビジネスには誠実な人間関係が欠かせないことも強調されている。ほかにも訳者が驚いたのは、相手のウソを見破り、誠実度を推測する「誠実度テスト」だ。求人に応募してきた相手への面接の場で、ある質問を投げかけるだけで、信頼できる人物かどうかをその場で判断できるという。少々意外なその質問の内容は、なるほど、「ウソをつく」のが得意な人間の本質に迫っていた。警官として活躍した経歴もある著者ならではの人間観察術もまた貴重な教えとなっている。

なお、原書ではアメリカのテレビ番組出演時の秘訣なども紹介されていたが、著者の承諾を得たうえで原書の2割弱を省略させていただいた。ご了承いただきたい。

本書の訳出にあたっては、ダイヤモンド社編集部の吉田瑞希氏よりさまざまなご教示を賜った。厚く御礼申しあげます。

どんな時代であろうとも、人間関係に信頼は欠かせない。CIAで身に付けたスキルを最大限に活用しながらも、まっとうに、真摯に仕事に取り組むジェイソン・ハンソンの姿勢からは学ぶところが多いはずだ。そして本書の読後感がとてもいいのは、著者の誠実な人柄によるところだろう。読者のみなさんが本書に記されているビジネスのヒントを職場や日々の生活で活用してくださることを願っている。

2020年7月

栗木さつき

［著者］
ジェイソン・ハンソン（Jason Hanson）
元CIA諜報員でセキュリティのスペシャリスト。CIAですばらしい実績を残した諜報員におくられるExceptional Performance Awardを約10年の在職中に2回受賞した。現在は起業家のビジネス拡大をサポートするマーケティング会社と、サバイバル会社Spy Escape and Evasionの経営者として活躍中。後者では政治家や著名人へのセキュリティサービスの提供、市民への護身術トレーニング、サバイバルグッズ販売などを展開している。著書に『Survive Like a Spy』（未邦訳）、『状況認識力UPがあなたを守る』（パンローリング）がある。ユタ州のシーダー・シティーに家族と暮らしている。

［訳者］
栗木さつき（くりき・さつき）
翻訳家。慶應義塾大学経済学部卒業。訳書に『100万人が信頼した脳科学者の絶対に賢い子になる子育てバイブル』『バレットジャーナル 人生を変えるノート術』『SINGLE TASK 一点集中術――「シングルタスクの原則」ですべての成果が最大になる』（ともにダイヤモンド社）、『元FBI捜査官が教える「心を支配する」方法』（大和書房）、『WHYから始めよ！』（日本経済新聞出版）、『奇妙な死刑囚』（海と月社）などがある。

超一流の諜報員が教える
ＣＩＡ式 極秘心理術
――ビジネススキルはインテリジェンスの最高峰から学べ

2020年７月15日　第１刷発行
2020年７月29日　第２刷発行

著　者――ジェイソン・ハンソン
訳　者――栗木さつき
発行所――ダイヤモンド社
〒150-8409　東京都渋谷区神宮前6-12-17
https://www.diamond.co.jp/
電話／03･5778･7233（編集）　03･5778･7240（販売）
装丁・本文デザイン―山之口正和（OKIKATA）
本文DTP ――桜井淳
製作進行――ダイヤモンド・グラフィック社
校正――――ディクション
印刷／製本―勇進印刷
編集担当――吉田瑞希

ISBN 978-4-478-10960-1